GUIDE TURISTICHE ILLUSTRATE

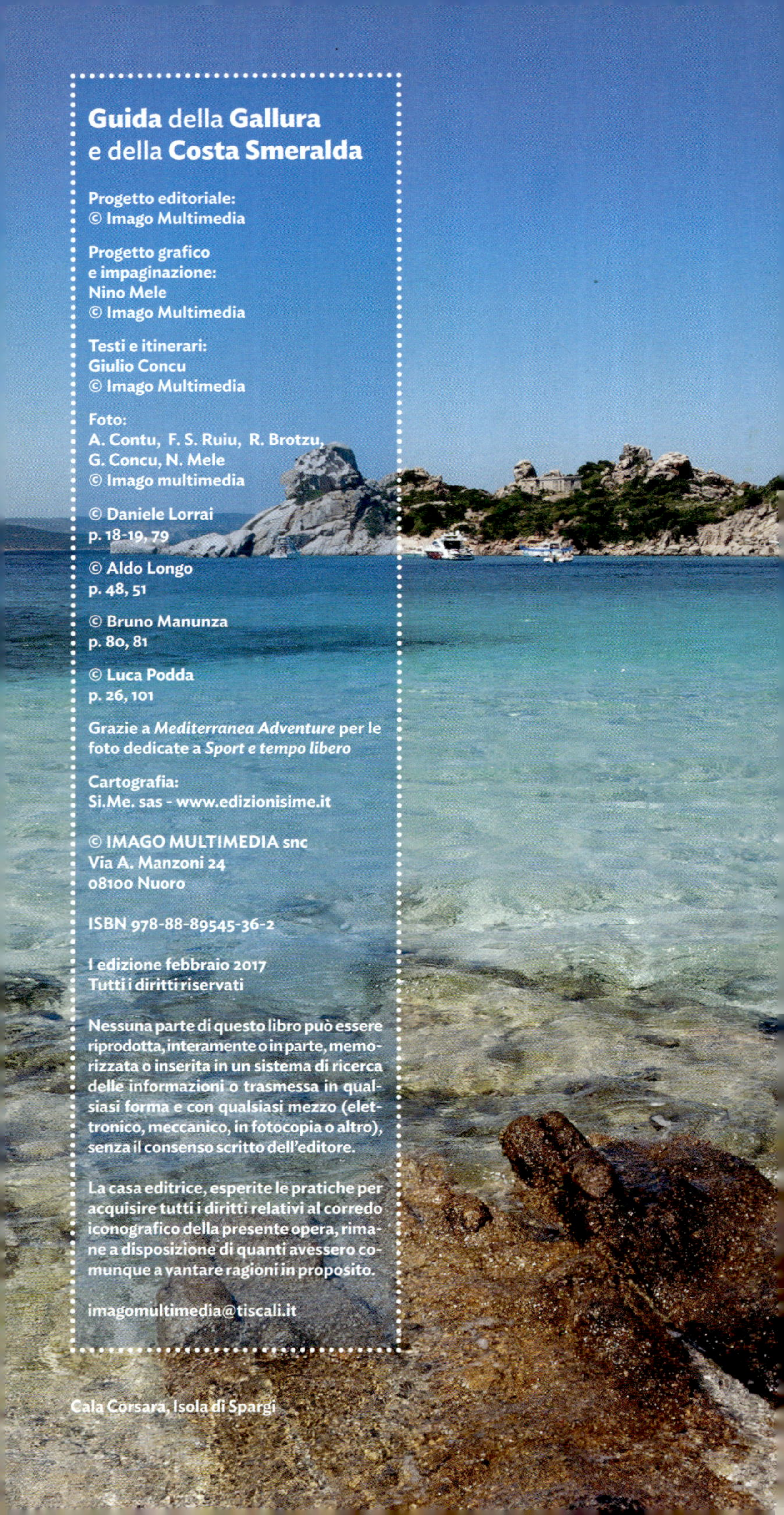

Guida della **Gallura** e della **Costa Smeralda**

Progetto editoriale:
© Imago Multimedia

Progetto grafico e impaginazione:
Nino Mele
© Imago Multimedia

Testi e itinerari:
Giulio Concu
© Imago Multimedia

Foto:
A. Contu, F. S. Ruiu, R. Brotzu, G. Concu, N. Mele
© Imago multimedia

© Daniele Lorrai
p. 18-19, 79

© Aldo Longo
p. 48, 51

© Bruno Manunza
p. 80, 81

© Luca Podda
p. 26, 101

Grazie a *Mediterranea Adventure* per le foto dedicate a *Sport e tempo libero*

Cartografia:
Si.Me. sas - www.edizionisime.it

© IMAGO MULTIMEDIA snc
Via A. Manzoni 24
08100 Nuoro

ISBN 978-88-89545-36-2

I edizione febbraio 2017

imagomultimedia@tiscali.it

Cala Corsara, Isola di Spargi

Guida della Gallura e della Costa Smeralda

| Storia | Tradizioni | Cultura | Gastronomia | Curiosità | Tempo libero |

IMAGO

CARTA DELLA SARDEGNA

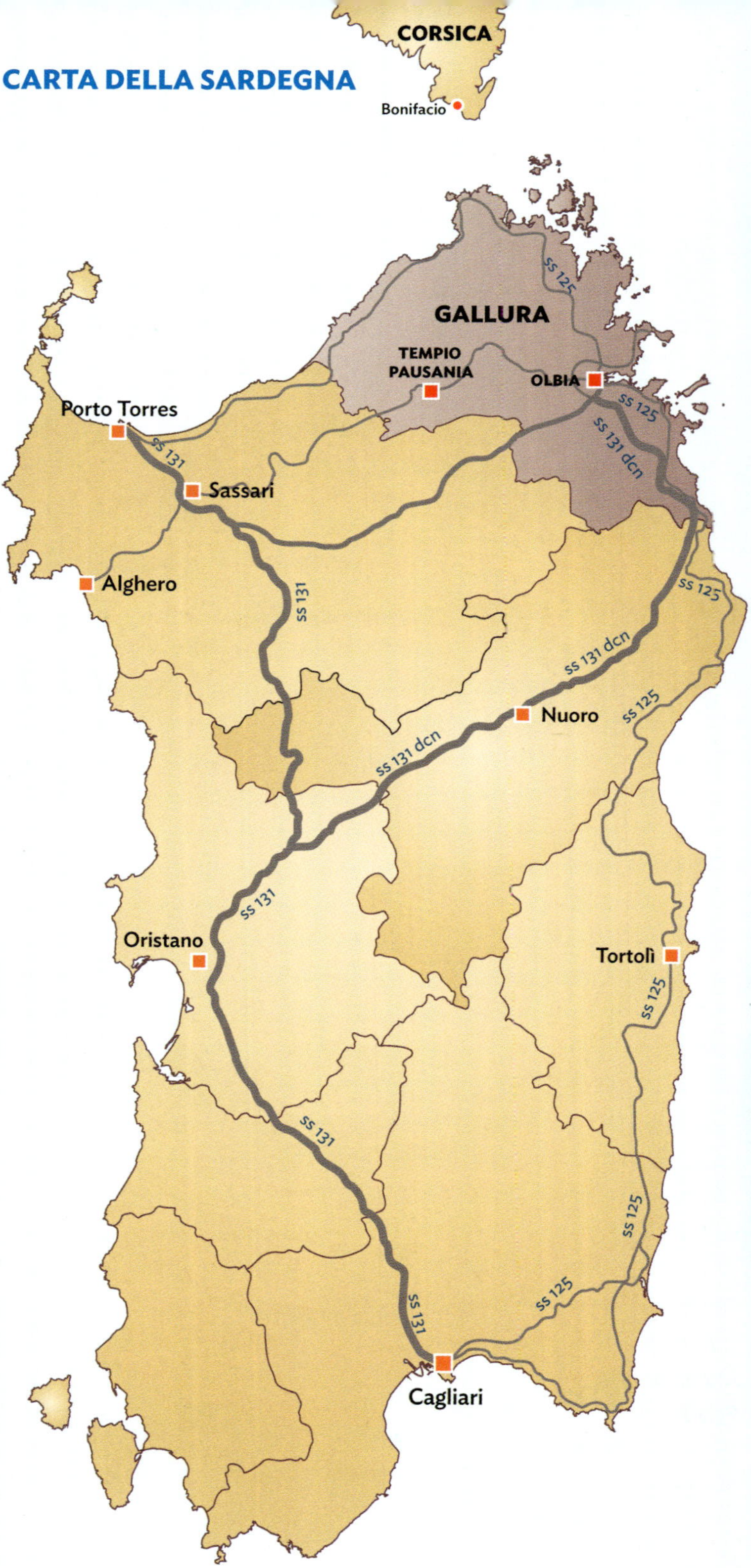

CARTA DEI COMUNI DELLA GALLURA

Budoni
San Teodoro
Padru
Loiri-Porto San Paolo
Olbia
Golfo Aranci
Arzachena
Palau
La Maddalena
Santa Teresa di Gallura
Aglientu
Trinità d'Agultu e Vignola
Badesi
Aggius
Luogosanto
Sant'Antonio di Gallura
Telti
Monti
Calangianus
Luras
Tempio Pausania
Bortigiadas
Viddalba

INDICE

CONOSCERE LA GALLURA

GEOGRAFIA

La **Gallura**, chiamata *Gaddùra* nella lingua "gallurese", è una regione geografica e storica della Sardegna nord orientale che occupa una superficie di circa 200.000 ettari e di cui fanno parte 23 comuni distribuiti fra la zona interna montuosa e lungo la costa. Storicamente quasi un'isola nell'isola a causa della morfologia tormentata – il suo territorio è caratterizzato dalla presenza di vaste e selvagge distese granitiche che discendono dal Monte Limbara sino alla costa – la Gallura è stata però il punto di contatto tra le genti sarde e le civiltà dell'area tosco-ligure-provenzana. L'isolamento ha

Rio Coghinas

Monte Limbara

Valle della Luna

Lago del Liscia

Capo Testa

Li Cossi

in ogni modo preservato la natura e il paesaggio e oggi sono molte le località celebri per la grande bellezza dell'ambiente naturale.
I confini della Gallura sono abbastanza netti: a ovest il **rio Coghinas** segna il limite con la regione dell'Anglona; a sud il confine con il territorio del **Monteacuto** è rappresentato dal massiccio del **Monte Limbara** (m. 1359), una barriera evidente che la separa anche dal resto dell'isola; a sud-est il **Monte Nieddu** di San Teodoro e il territorio di Budoni segnano il confine con le Baronie; verso nord le ampie vallate che discendono dal Limbara si aprono formando un enorme anfiteatro in direzione della Corsica, con al centro il **bacino del Liscia**, formato dall'omonimo rio che taglia in due la Gallura fino alla foce nei pressi di Palau. Della Gallura fanno parte la **Costa Smeralda**, patria del turismo d'élite, e l'**Arcipelago di La Maddalena**, con alcune fra le più belle spiagge del Mediterraneo.

COME ARRIVARE

In aereo

La Gallura è collegata al resto d'Italia e d'Europa con voli diretti delle principali compagnie aeree e numerosi voli low cost. L'aeroporto "Costa Smeralda" dista 4 km dalla città di Olbia ed è raggiungibile tramite i **mezzi pubblici dell'ASPO n. 2** e **n. 10**, con una frequenza di circa venti minuti dal lunedì al sabato, fino alle 20; dopo le 20 e la domenica, gli autobus hanno una frequenza di 40 minuti. Presso l'aeroporto transitano alcune autolinee che collegano la Gallura con il resto della Sardegna.

In nave

Diverse compagnie di navigazione congiungono giornalmente il porto commerciale di **Olbia** da e per Civitavecchia, Piombino, Livorno e Genova e quello di **Golfo Aranci** da e per La Spezia, Livorno e Civitavecchia. Dal porto di **Palau** si può raggiungere l'isola della Maddalena, Porto Vecchio in Corsica e Napoli (Medmar Linee Lauro).
Dal porto di **Santa Teresa** si raggiunge Bonifacio in Corsica. Lungo tutto il litorale vi sono diversi **porti turistici**, in generale ben attrezzati e segnalati su tutte le mappe. Per giungere in Gallura nei mesi estivi, soprattutto con l'auto al seguito, è bene prenotare con adeguato anticipo.

In bus

Spostarsi in bus da e verso la Gallura è facile e consente di percorrere con calma le strade e di raggiungere i paesi dell'entroterra. I collegamenti sono assicurati dai bus dell'**A.R.S.T.** (Azienda Regionale Sarda Trasporti). Dal capolinea dell'A.R.S.T. di Olbia partono i bus per raggiungere anche gli altri centri della Sardegna. Il servizio è di buon livello e di solito puntuale; si può avere qualche difficoltà nei giorni festivi a causa della saltuarietà dei collegamenti. È sempre meglio acquistare il biglietto prima di salire sulla vettura, altrimenti si deve pagare un supplemento.

In treno

La morfologia accidentata della Gallura e la bassa densità della popolazione non hanno favorito lo sviluppo di una rete di trasporti su rotaie adeguata alla vastità del

territorio. I treni di Trenitalia collegano quotidianamente la città di Olbia con Cagliari, Sassari e Golfo Aranci. La Cagliari-Golfo Aranci è chiamata anche "Dorsale Sarda". Da **Cagliari** a Olbia il tempo di percorrenza è di circa quattro ore. Da **Sassari** a Olbia sono programmati diversi collegamenti al giorno. Il tempo di percorrenza è di due ore.

In auto

Lo sviluppo della viabilità automobilistica in Gallura è stato ed è ancora fortemente condizionato dalla presenza dei massicci granitici. Le strade seguono le antiche carrarecce aperte lungo valli anguste, gole impervie, pianure alluvionali. Viaggiare con un mezzo proprio è indispensabile per visitare spiagge appartate, monumenti archeologici e aree di interesse naturalistico. Il viaggio è tranquillo in ragione di un traffico mai eccessivo. I percorsi tortuosi e le numerose strade di penetrazione agraria che conducono a monumenti e *stazzi*, obbligano a muoversi con una buona cartina in mano o con il GPS. La segnaletica a volte è insufficiente o non aggiornata, ma questo rende la visita della Gallura interna ancora più affascinante. Olbia è collegata al resto della Sardegna attraverso la diramazione della **SS131 D.C.N.** (Diramazione Centrale Nuorese), che da Abbasanta passa per Nuoro e giunge fino al centro principale della Gallura. Un'altra strada che giunge a Olbia è la **SS125**, che attraversa tutta la costa orientale da Muravera fino a Palau. La **SS127** collega Olbia a Tempio e giunge fino a Sassari.

>> IL TRENINO VERDE

Un modo alternativo e pittoresco per visitare l'interno della Gallura è il **Trenino Verde** delle **Ferrovie della Sardegna** (FdS). La linea Nulvi-Tempio-Palau, lunga 151 km, è rimasta pressoché identica a quella realizzata nel 1888. Oggi è attiva soltanto d'estate. Si parte da **Sassari** e ci si dirige verso i monti della Gallura sui binari a scartamento ridotto; il trenino attraversa placidamente un territorio selvaggio e affascinante fra piccole stazioni e case cantoniere perfettamente inserite nel paesaggio, viadotti e gallerie, tra le quali quella di **Bortigiadas**, autentici capolavori d'ingegneria.

NUMERI UTILI

APT Olbia
"Costa Smeralda"
aeroportodiolbia.it

Autorità portuale
Olbia-Golfo Aranci
Stazione Marittima
Isola Bianca
Tel. 0789 204179
olbiagolfoaranci.it

Autorità portuale
di Palau
Tel. 0789 709419
palau.it

Porto di Santa Teresa
Loc. Terravecchia
Tel. 0789 751452
portosantateresa.com

A.R.S.T.
C.so Umberto I, 168
Tel. 0789 55300
arst.sardegna.it

Turmo Travel
Olbia → Santa Teresa
Olbia > Cagliari
Cagliari > Santa Teresa
Via Tavolara, 4
Tel 0789 21487
gruppoturmotravel.com

Sun Lines
Porto Torres > Olbia
Olbia > Costa Smeralda
Olbia > Sant'Antonio di Gallura
Via Pozzo Andrea, 9
Tel 0789 50885

Autolinee F.lli Deplano
Nuoro > APT Olbia
Z.I. Pratosardo, Lotto 118
Tel 0784 295030
deplanobus.it

Stazione ferroviaria di Olbia
Via G. Pala
Tel. 0789 22477
trenitalia.com

Stazione ferroviaria
di Golfo Aranci
V.le Stazione
Tel. 0789 616135

Ferrovie della Sardegna
Tel. 070 26571
treninoverde.com

GEOLOGIA E AMBIENTE NATURALE

La Gallura è un'area molto importante per lo studio dell'evoluzione paleo-geografica della Sardegna, caratterizzata dalla presenza di ampie distese granitiche. Lo strato granitico che dà stabilità geologica alla Sardegna si è formato durante l'**Orogenesi Ercinica** (345-215 milioni d'anni fa) e costituisce anche il basamento della Gallura e delle sue punte principali come il **Monte Limbara**. Per questo, dalla montagna al mare il paesaggio gallurese presenta ammassi rocciosi lavorati dagli agenti atmosferici che formano torrioni e pinnacoli, sculture bizzarre e scenografici **tafoni** ("conchi" in gallurese, cavità nella roccia). La costa settentrionale è caratterizzata da arenili di sabbia candida e cale dal mare turchese incastonati fra scogliere di granito rosa. La costa orientale è più frastagliata e caratterizzata da strette valli fluviali che sommerse dal mare diventarono insenature ("rias") che sboccano su arenili di sabbia candida. Il territorio dell'interno ha un aspetto differente, è un paesaggio che stupisce per la sua vastità e il forte contrasto tra l'asprezza del granito e la dolcezza delle valli. È caratterizzato da imponenti affioramenti granitici, da boschi di querce da sughero e lecci, da fertili vallate e piane di riempimento, spesso coltivate a vite.

Clima

Il clima della Gallura è di tipo mediterraneo, influenzato da masse d'aria umida provenienti dall'Atlantico e caldo-umide dall'Africa. È piovoso in autunno-inverno, caldo e asciutto d'estate. Il maestrale, elemento frequente ùdel territorio, apporta molta umidità che permane più a lungo nei siti riparati ed esposti a un'escursione che raggiunge i 20°C in primavera e autunno. Lungo le coste, il clima è mite d'inverno ma caldo d'estate con punte ben oltre i 30°C.
Sono rare le giornate senza **vento,** soprattutto lungo la costa settentrionale. Prevale il **maestrale**, da nord-ovest, freddo d'inverno e atteso in estate per rendere l'aria più secca e respirabile. In **estate** sono frequenti lo **scirocco** e il **levante**, e sulla costa occidentale non è insolito il **libeccio**.

Monte Pulchiana

Tafone

Querce da sughero

Lavanda

Cisto

Flora

Malgrado i danni causati dai numerosi incendi estivi, la Gallura conserva vaste distese di leccio, roverella e soprattutto di **quercia da sughero**, da cui si ricava la materia prima molto importante per l'economia della Gallura. Sui terreni più esposti o degradati vegeta la **macchia mediterranea** (cisto, corbezzolo, ginestra, fillirea, ginepro, lentisco, mirto, euforbia, erica arborea e scoparia). Notevole anche la presenza di **funghi**, in particolari di ovuli e porcini reali. Le principali formazioni vegetali marine sono quelle tipiche della fascia costiera mediterranea, con il predominio della macchia. Verso la costa, la vegetazione degrada alla **gariga**. L'Arcipelago di La Maddalena è un'area molto importante per la presenza di 700 entità vegetali, un terzo della flora sarda, con oltre **50 specie endemiche**, altre specie rare e numerosi habitat di importanza europea. Da non perdere in primavera la meravigliosa **fioritura** delle campagne, quando la Gallura brilla di una luce speciale e unica.

Fauna

Un tempo abbondante, la fauna della Gallura comprende gli animali comuni a tutta la Sardegna come il cinghiale, la donnola, la lepre, la martora, la volpe, il gatto selvatico (fra i boschi del Limbara) e un buon numero di esemplari di porcospino e tartaruga. Fra gli uccelli sono diffusi l'astore, la poiana, la pernice sarda, la ghiandaia, la **cornacchia grigia di Sardegna**. Lungo i costoni dell'Isola di Tavolara nidifica qualche coppia di **falco pellegrino**. Non è raro avvistare l'**aquila reale** sulle cime del Limbara e sui dirupi dell'Isola di Tavolara. Gli stagni della costa orientale sono frequentati da colonie di **fenicottero rosa**, qualche coppia di **pollo sultano**, da gabbiani comuni e reali, aironi, cormorani e cavalieri d'Italia.

Donnola

Falco pellegrino

Fenicotteri rosa

Gabbiani

Pollo sultano

Marangone

Le zone umide più interne del Golfo di Olbia sono utilizzate per la molluschicoltura: si producono cozze, arselle, tafuri e murici. L'Arcipelago di La Maddalena ospita l'unica popolazione del Mediterraneo di **sterna comune**, specie di rilevanza internazionale, ed è fra le aree più importanti per gli uccelli marini nidificanti come il **gabbiano corso** e la sottospecie mediterranea del **marangone dal ciuffo**. Fra i mammiferi marini e i grandi pesci cartilaginei spiccano i **tursiopi**, delfini che si lasciano osservare molto di frequente vicino alla costa, e ancora orche e capodogli. Fra i molluschi sono importanti la spugna ***Aplysina aerophoba***, la cui presenza è un indice della salute dell'ambiente, la nacchera (*Pinna nobilis*) e la *Patella ferruginea*.

LE 10 SPIAGGE PIÙ BELLE DELLA GALLURA

CALA BRANDINCHI
San Teodoro

Esotica, di sabbia chiara e fine, circondata da dune e pinete, bagnata da un mare turchese e dal fondale basso. L'atollo della Sardegna.

SPALMATORE DI TERRA
Isola di Tavolara

Colori stupefacenti, natura solitaria e selvaggia. Spiaggia di piccoli ciottoli, mare turchese.

CALA DI TRANA
Palau

La baia è racchiusa tra due grandi ammassi granitici e protetta da un sistema dunale. Un paradiso di sabbia rosata e mare cristallino.

CALA COTICCIO
Isola di Caprera

Sabbia fine e candida, mare dalle mille gradazioni di turchese; la baia è protetta da splendide sculture di roccia e dalla macchia mediterranea.

CALA DEL RELITTO
Isola di Caprera

Un tuffo nelle acque turchesi a fianco dei resti di una nave ha reso irresistibile questa spiaggia. La baia è davvero splendida per l'arenile di sabbia candida.

CALA CORSARA
Isola di Spargi

Una delle spiagge più belle di tutto l'Arcipelago di La Maddalena. Colore turchese del mare e rocce plasmate dagli agenti atmosferici.

SPIAGGIA ROSA
Isola di Budelli

Capolavoro mediterraneo. Sabbia candida tinta di rosa dalla frammentazione di microrganismi marini.

ISTMO DI CAPO TESTA
Santa Teresa di Gallura

Sono presenti due arenili: la spiaggia di **Rena di Levante** (nota anche come "La Tibula") e sul versante opposto la spiaggia di **Rena di Ponente**. Entrambe caratterizzate da mare turchese e sabbia fine, in un paesaggio ancora selvaggio nonostante la pressione del turismo.

SPIAGGIA LI COSSI
Trinità d'Agultu

Una gemma verde incastonata fra alti colli di granito rosso. La si raggiunge a piedi, lungo un suggestivo sentiero sulla scogliera.

BAIA DI MONTI RUSSU
Aglientu

Meravigliosa baia selvaggia chiusa da un promontorio composto da rocce di granito rosso. È caratterizzata da un arenile di sabbia bianca e dal mare verde cristallino.

STORIA

Grazie alla sua posizione geografica, la Gallura è stata il punto di contatto tra i popoli del Mediterraneo e quelli che gravitavano nell'area tosco-ligure-provenzana. Probabilmente l'uomo è presente in Gallura sin dal Paleolitico inferiore, ma mentre in Anglona, dall'altro lato del rio Coghinas, sono molte le testimonianze della presenza umana di quell'epoca, in Gallura non ne sono state ancora ritrovate. Poche le attestazioni e le tracce di insediamenti umani anche nel Neolitico e fino all'inizio del periodo nuragico. L'unica cosa certa è che quest'area fu frequentata sin dai tempi più remoti, seppure sporadicamente, da popolazioni di pastori provenienti dalla Corsica. Mentre nel resto dell'isola fiorivano le culture di Filigosa, Abealzu, Monte Claro, Campaniforme e di Bonnanaro, in Gallura è documentata soltanto la **Cultura di Abealzu**, grazie al ritrovamento di resti di ceramiche ai piedi del Monte Limbara. La prima grande cultura sarda, la "Cultura di Ozieri", che si affermò in tutta la Sardegna a partire dalla seconda metà del III millennio a.C., in Gallura si manifestò con modalità peculiari attraverso la cosiddetta "**Cultura dei circoli megalitici"**, che mostra le sue caratteristiche nelle necropoli con **tombe a circolo**. Durante l'Età del Bronzo, in Sardegna fiorì la grandiosa civiltà delle torri chiamata "Nuragica", che dal punto vista architettonico ebbe il suo apice

Circoli megalitici di Li Muri

Tomba di giganti di Lu Coddu Vecchju

Nuraghe La Prisgiona

Ricostruzione del porto romano di Olbia

nella costruzione dei **nuraghi** di tipo complesso. Una caratteristica dell'architettura delle torri nuragiche in Gallura è l'utilizzo delle formazioni granitiche come basamento, ma i nuraghi in Gallura sono molto meno numerosi e meno imponenti rispetto al resto della Sardegna. Si sono conservati però alcuni notevoli esempi delle sepolture di età nuragica, le cosiddette "**tombe di giganti**", qui chiamate "Gigantinos", in particolare nel territorio di Arzachena. Dalla fine della civiltà nuragica le vicende storiche della Gallura sono simili a quelle del resto dell'isola. I Fenici vi lasciarono poche tracce, mentre i **Cartaginesi** diedero impulso alla città, forse di fondazione nuragica, che poi divenne **Olbia**. Solo con l'età imperiale si fece sentire l'influenza della dominazione romana, ma anche di questo periodo non c'è abbondanza di reperti archeologici se non nella città di Olbia, che diventò molto importante essendo il porto più vicino alla penisola. Dall'*Itinerarium Antonini* sappiamo che la Gallura era attraversata dalla strada *Turris Libissonis-Tibula* (Porto Torres-Santa Teresa) e dalla *Tibula-Carales* (Cagliari). Dopo la fine dell'impero romano, la Gallura si spopolò a causa delle incursioni dei pirati saraceni. Nel medioevo l'isola fu divisa in quattro regni autonomi (Giudicati), tra cui quello di Gallura, con capitale *Civita* (Olbia), e fu governata da *judex* (giudici) di stirpe toscana, i Visconti. Dal XV secolo, a seguito delle dure guerre che opposero gli

Palazzo di Baldu

Aragonesi ai Giudici d'Arborea, avvenne il declino e il definitivo spopolamento dei centri costieri. Gli abitanti si rifugiarono ai piedi del Limbara, crebbe l'importanza di *Villa Templi* (Tempio Pusania) e nacquero gli abitati di Aggius, Bortigiadas, Calangianus, Luras, Nuchis. Le campagne oltre i centri abitati dell'interno furono colonizzate da pastori provenienti dalla Corsica e dalla Barbagia. Ma la loro presenza venne vissuta come un'usurpazione dai residenti, che si ritenevano i proprietari degli ademprivi, cioè di quelle terre comuni dove era consentito il diritto di legnatico, di pascolo, di raccolta. Così, nel **1479**, Ferdinando d'Aragona ordinò al suo ammiraglio Giovanni Villamarì di scacciare dalla Sardegna i pastori di Bonifacio. Questi resistettero e anzi, tra il XVI e il XVIII secolo aumentò l'immigrazione dalla Corsica. Si consolidò così l'uso della lingua corsa e la "cultura degli stazzi", caratteri che ancora oggi distinguono la Gallura dal resto della Sardegna. Nel XIX secolo, sotto il dominio dei Savoia, il territorio fu al centro delle preoccupazioni del viceré, perché i galluresi si mostravano ribelli a ogni

>> L'ORIGINE DEL NOME "GALLURA"

Il toponimo "Gallura" è documentato per la prima volta nel 1073 come riferimento al giudice Costantinus Gallurensis. Di seguito fu riportato come "Galorj" su delle mappe pisane e poi ancora come "Gallul", "Gallula" e infine "Gallura". Secondo alcuni studiosi potrebbe trarre origine dal latino "**Galli-Rura**", toponimo che al tempo dei Romani indicava i confini con le terre della tribù dei *Galilenses*. Secondo altri deriverebbe dall'ebraico "Galil" (paese d'altura), che pone l'accento sulla natura prevalentemente montuosa del territorio. Altri lo fanno derivare dal gallo presente nello stemma dei Visconti, la famiglia pisana che governò il territorio nel Medioevo, altri ancora da un interscambio tra la "G" e la "B" di **Ballura**, toponimo che verrebbe dall'etnico "**Bàlares**", un'antica tribù proveniente dalle Baleari che qui s'insediò e si scontrò con le tribù provenienti dalla Corsica.

autorità e non transigevano mai né sull'onore né sulla difesa della proprietà. Le ingiurie all'onore e il furto erano pagate con terribili vendette. Le famiglie si alleavano scatenando feroci scontri armati. Nel tentativo di debellare le faide (**inimistai**) che duravano anni, i Savoia ordinarono una feroce repressione armata, una politica portata avanti in particolare dal ministro Bogino. Il quale però, resosi conto dell'inutilità della repressione, nel 1771 escogitò un'azione pacificatrice del governo affiancata a una presenza massiccia della chiesa sul territorio e promosse l'istituzione di parrocchie rurali sul modello del Santuario di Nostra Signora di Luogosanto. Le "inimistai" vennero risolte con le "**paci**", benedette solennemente dal clero. In quegli anni la Gallura era ancora ricoperta da vasti e folti boschi di lecci e querce, ma molte società toscane, piemontesi e francesi, ottennero dal governo le autorizzazioni a disboscare per produrre carbone e traversine per le nascenti strade ferrate. Nel 1839 la sede vescovile fu trasferita da Olbia a Tempio. Le comunicazioni erano ancora molto difficili a causa della mancanza di infrastrutture, e la prima strada statale, l'attuale **SS124** Tempio-Palau, fu costruita soltanto tra il 1870 e il 1880. Nel XX secolo, con il miglioramento dei collegamenti e lo sviluppo turistico, si ripopolarono i centri lungo la costa. Oggi la Gallura presenta il più elevato reddito pro-capite della Sardegna, soprattutto grazie al **turismo balneare**. È stata provincia autonoma dal 2005 al 2014 con Tempio e Olbia come capoluoghi.

Chiesa di San Simplicio

Torre aragonese

Vecchio *stazzo*

ECONOMIA

La Gallura vive da alcuni decenni un buon slancio economico grazie alla capacità imprenditoriale e commerciale dei suoi abitanti. Le attività principali sono legate per tradizione allo sfruttamento delle risorse naturali, all'estrazione e alla lavorazione del **sughero** e del **granito**, alla **viticoltura**, allo sfruttamento delle **acque sorgive** e all'**allevamento**. Da alcuni decenni si è sviluppato il sistema dell'**offerta turistica**, che è uno dei più completi ed efficienti di tutto il Mediterraneo.

Il sughero

Il **sughero** (gall. *sùaru*) è prelevato scorticando la *Quercus suber* dalla base del tronco alla biforcazione dei rami. La sua corteccia è costituita da cellulosa, lignina e suberina, la cui caratteristica principale è l'impermeabilità, qualità nota sin dalla preistoria. Probabilmente i nuragici utilizzavano il sughero per rivestire le pareti delle loro capanne e dei nuraghi, e i Romani per confezionare sandali, galleggianti per reti e tappi per anfore. Ancora oggi l'estrazione è effettuata a mano. In estate, **lu bucadori** effettua la "demaschiatura", cioè l'estrazione della corteccia per la prima volta da piante che abbiano almeno vent'anni di vita. Il sughero rimosso per la prima volta ha un aspetto irregolare e di solito viene macinato per ottenere del truciolato. L'estrazione successiva dallo stesso albero può essere effettuata dopo dieci anni e il sughero, chiamato "sughero femmina" (gentile o da riproduzione), ha un aspetto più regolare. Dopo la stagionatura e la bollitura, è usato per la fabbricazione di turaccioli e utensili da cucina. La capitale italiana del sughero è il paese di **Calangianus**, dove la nascita della prima fabbrica risale al **1851** e dove si lavora il **70%** dell'intera produzione regionale al servizio dell'industria vinicola, delle calzature e dell'arredamento.

Estrazione del sughero

Cava di granito

Hotel Cala di Volpe

Hotel Romazzino

Il granito

Nei centri abitati della Gallura, le case, le piazze, le chiese, i vicoli, brillano di **granito**. Tutto il territorio è disseminato di cave dalle quali si estrae la materia prima che viene esportata persino negli USA, in Giappone e in molti paesi europei, nonostante la forte concorrenza della Cina. Dalla roccia grezza si ottengono lastre per la pavimentazione stradale o blocchi che vengono lavorati per l'utilizzo in campo edilizio. **Calangianus** e **Tempio Pausania** sono i centri di eccellenza nel settore.

Il turismo

Il turismo è una delle principali fonti di reddito odierne della Gallura. È in gran parte di carattere **balneare**. Sviluppatosi all'inizio degli anni '60 del secolo scorso grazie ad alcune iniziative imprenditoriali lungimiranti, il settore è oggi in grado di offrire il più alto numero di posti letto e la più alta qualità dei servizi in Sardegna. Se fino a venti anni fa, dalla **Costa Smeralda** fino a Santa Teresa si poteva parlare di servizi per un turismo d'élite, in un certo qual modo rispettoso dell'ambiente per un'innovativa

tipologia architettonica e per il basso numero dei visitatori, oggi l'offerta è molto più variegata e si trovano sistemazioni e servizi per ogni tipo di tasca. In molte località si è così passati dal turismo per pochi al turismo di massa, spesso a prezzo di eccessi edilizi che hanno talvolta causato il degrado ambientale e paesaggistico dei litorali.
Nonostante il boom dell'edilizia privata e i mega alberghi, le attrattive per gli amanti della tranquillità non mancano. In questi ultimi anni sono stati fatti molti sforzi dalle amministrazioni locali e dai privati per destagionalizzare le presenze e incentivare il turismo delle **zone interne**. Infatti, un modo alternativo e di gran qualità per vivere la Gallura è soggiornare in uno dei tanti **agriturismo**, spesso nati da sapienti ristrutturazioni di uno **stazzu** (l'antico insediamento rurale) e che offrono prodotti locali e la possibilità di vivere la Gallura oltre i luoghi comuni e le banalità esotiche.

La viticoltura

La vicinanza del mare mitiga il clima che diviene fresco e umido e favorisce la produzione di **uve pregiate**. In Gallura sono presenti diverse **cantine sociali**, i cui vigneti sono impiantati sui colli ai piedi del massiccio del Limbara, ad altitudini variabili fra i 300 e i 600 m. Si producono vini ricchi di aromi, soprattutto **Vermentino di Gallura**, **Moscato** e **Nebbiolo**.

VIVERE LA GALLURA

AMBIENTE UMANO E SOCIALE

Gli abitanti della Gallura hanno acquisito nel tempo usi e costumi originali che li distinguono dagli altri sardi, anche perché uno dei ceppi originari, proveniente dalla Corsica, ha influenzato in maniera profonda il modo di pensare e l'attitudine alla vita delle comunità locali. Questo specifico **carattere** è dovuto in gran parte al secolare isolamento: la mancanza di strade rendeva difficile la comunicazione con il resto dell'isola per buona parte dell'anno, mentre il mare consentiva di giungere rapidamente in Corsica e nel continente italiano dal porto di *Terranova* (Olbia) e dall'isola di La Maddalena. Vittorio Angius descriveva così i galluresi dell'800: "Pieghevoli alla ragione e facilmente educabili, accorti, coraggiosi, sprezzatori de' pericoli... puntigliosi, irritabili, pronti e fervidi nell'ira a vendicare le ingiurie". Alcune di queste qualità si riflettono nei galluresi di oggi, come l'apertura alle novità, la generosità e il grande senso di ospitalità. Possiedono anche la dote rara di saper apprezzare le cose semplici della vita, grazie forse alla natura aspra della loro terra. O magari al fatto che la loro regione è sempre stata zona di passaggio. Un pezzo di terra ai piedi del monte e la casa in campagna: e alla vita non si chiede altro...

CULTURA E TRADIZIONI

Gli audaci pionieri che si stabilirono in Gallura nel corso dei secoli, avevano alle spalle una storia, una lingua, una cultura consolidata, una filosofia di vita e il senso fortissimo della loro identità. Popolarono le campagne desolate del nord-est della Sardegna dando vita alla "**civiltà degli stazzi**" o dell'"habitat disperso". Il patrimonio di cultura e di civiltà si esprime e si differenzia da quello delle comunità d'origini sarde attraverso le peculiarità delle **tradizioni**, della **lingua** e dei **costumi**.

La civiltà degli "stazzi"

Le campagne della Gallura sono caratterizzate dalla presenza diffusa dell'abitazione rurale denominata "**stazzu**". Il termine viene dal latino "statio" (luogo di riposo e di raccolta del bestiame). I primi stazzi furono costruiti dalle genti corse tra il XVII e il XVIII secolo e rappresentavano una forma di economia dove le attività agro-pastorali soddisfacevano tutti i bisogni familiari: si produceva e si consumava tutto all'interno dello *stazzu* o della **cussogghja** (l'insieme di più stazzi). La forma architettonica molto semplice associava la funzione di azienda pastorale-agricola a quella abitativa. L'abitazione comprendeva la camera da letto, il soggiorno con salotto e la cucina rustica (**lu pinnenti**); intorno vi erano l'ovile, la stalla, la porcilaia, l'orto, la vigna e i terreni destinati al pascolo. Alla base della società dello *stazzu* vi era un forte senso di solidarietà, un intreccio di relazioni tra famiglie che potevano contare sul reciproco

Stazzi galluresi

Costume tradizionale di Olbia

aiuto. Persino la giustizia era regolata da un tribunale (**rasgioni pasturina**) che sentenziava sulle controversie civili, formato da persone scelte per la loro saggezza e onestà (**li rasgiunanti**). Dall'unione di più stazzi sono nati molti dei paesi galluresi. Oggi la maggior parte degli stazzi è in stato di abbandono, mentre alcuni sono stati trasformati in ottime strutture agrituristiche.

Le lingue della Gallura

Persino all'interno del panorama linguistico sardo, la Gallura mostra una peculiarità che la rende unica. Qui si parlano il **gallurese** e il **logudorese**. Il gallurese è un dialetto molto simile a quello parlato nel sud della Corsica ma con alcuni influssi derivanti dal substrato logudorese. Originario dell'Alta Gallura, è parlato in quasi tutto il territorio. Il sardo logudorese, nella varietà settentrionale, ha assimilato parte del lessico corso e gallurese adattandolo alla struttura della lingua sarda; fino al XIII secolo era diffuso in tutta la Gallura ed era utilizzato per redarre i documenti ufficiali del Giudicato. Oggi è parlato ancora a Olbia, Luras, Golfo Aranci, Padru e Budoni. A La Maddalena si parla l'**isulanu**, una variante del corso molto vicina a quella dell'entroterra di Bonifacio. A Aggius si parla un gallurese con influenze sassaresi nella pronuncia, mentre a Bortigiadas, dove oggi si parla il gallurese, fino alla metà del XX secolo era parlato un logudorese fortemente corrotto dal gallurese. Negli ultimi tempi si manifesta una maggiore tendenza all'utilizzo dell'italiano. A Arzachena ha sede la "Consulta intercomunale del gallurese" per la difesa della lingua locale.

Le tradizioni popolari

I momenti importanti della vita in Gallura, come in tutta la Sardegna, sono accompagnati da sempre da riti complessi e solenni. Il lavoro di un tempo era legato ai cicli della natura, e anche le tradizioni culturali tramandate fino ad oggi si basano sulle attività contadine e pastorali. Erano occasioni di festa profana tutti i lavori stagionali, come **lu tunditogghju** (tosatura delle pecore), **lu graminatogghju** (cardatura), **l'agliola** (trebbiatura) e **la binnenna** (vendemmia).

L'abbigliamento tradizionale

In Sardegna ogni paese ha un suo tipico costume tradizionale che varia per foggia, fattura e colori. La grande varietà evidenzia come il vestiario tradizionale sia simbolo di appartenenza a un determinato gruppo sociale. Talvolta è il costume, più di altre caratteristiche,

Costume tradizionale di Tempio

"Sa Lurisinca" o "Mozzetta", coltello tradizionale di Luras

Produzione dei cestini

come quelle geografiche, a segnare la linea di demarcazione tra popolazioni anche contigue. I costumi "sardi" tradizionali, sono stati abitualmente portati dagli anziani dei paesi di tradizione logudorese dell'interno della Gallura almeno fino al 1950: molto noti e di grande fascino i costumi di Tempio, Aggius, Luras e Bortigiadas. Oggi vengono esibiti durante le feste e le manifestazioni folcloristiche. È certo che nelle comunità della Gallura di tradizione corsa, il costume "alla sarda" non sia mai esistito. Un tempo si distingueva, infatti, tra "**lu 'istiri**" dei galluresi dal costume in uso in "**la saldadda**" (territori abitati dai sardi). Di recente si è cercato di costruire un costume locale imitando e adattando fogge, tessuti e colori dei costumi tradizionali dei paesi sardi più vicini, ma questo vestiario ha poco o nulla a che vedere con il tradizionale abbigliamento gallurese ed è una forzatura per soddisfare le esigenze del turismo.

L'artigianato

Come nel resto della Sardegna, anche in Gallura l'artigianato tipico ha le sue radici nella cultura agro-pastorale. La **filatura** e la **tessitura** costituivano i momenti più importanti nella vita quotidiana delle donne galluresi che confezionavano indumenti, coperte, tappeti, arazzi e biancheria per la casa. Questa attività è portata avanti ancora oggi nel paese di Aggius, dove si lavora a mano sui **telai di legno** e dove si svolge un'interessante **mostra del tappeto**. L'**arte dell'intreccio** è tramandata dagli artigiani di Luras che realizzano cestini e impagliatura di sedie. La **forgiatura dei metalli** produce una lama particolare chiamata "**gaddhuresa**", utilizzata per intagliare il **sughero**, materiale quest'ultimo con cui ancora oggi si producono una grande quantità di utensili da cucina.

LA GASTRONOMIA

La maggior parte delle tradizioni gastronomiche della Gallura proviene dalla cultura dello "stazzu" e si basa su materie prime semplici e genuine come la **carne**, il **formaggio** e il **miele** che profuma di macchia mediterranea. Il suolo in prevalenza roccioso ha reso difficile l'attività contadina, se si esclude la **viticoltura** sui colli ai piedi del massiccio del Limbara. Nei centri abitati costieri, come Olbia, Santa Teresa di Gallura e Palau, resistono le tradizioni culinarie marinare, influenzate da culture e usanze d'oltremare.

Pane

Coccu i la zidda: focaccia, spesso azzima, cotta sotto la cenere.

Tricu ruju: pane tradizionale realizzato con semola di grano duro (*tricu ruiu*) e malto. Ha pasta bianca e compatta, crosta grossa e dorata tendente al rossiccio, sapore leggermente amarognolo. Generalmente è prodotto a forma di corona; in base alla forma e alle zone è chiamato *pani tundu*, *pani a gnambedda* o *pani luccidu*.

Antipasti

Indattaru de Olbia: cozze prodotte nella laguna di Olbia, ben note e apprezzate in tutta l'isola per la loro genuinità. L'attività di maricoltura fu avviata nel 1921 e si basa sull'allevamento naturale: i molluschi crescono

Miele

Indattaru

Pane de tricu ruiu

Suppa cuata

Purulzoni

Fasgioli e taddarini

senza alcun intervento umano, prendendo dal mare i sapori che li rendono così ricercati.

Primi piatti

Pan'a fitti: spianata o pane avanzato, bollito nel brodo di pecora e condito con olio extravergine, pecorino, prezzemolo e cannella.

Suppa cuata: zuppa regale, spesso presentata ai banchetti nuziali, è forse il piatto più rappresentativo della Gallura poiché include molti dei prodotti della tradizione pastorale e contadina locale. L'origine del suo nome rimane un mistero: alcuni ritengono che l'aggettivo "cuàta" (nascosta) derivi dal fatto che la carne, considerata l'ingrediente principale, viene sistemata sul fondo del recipiente di cottura nascondendola alla vista.

Chjiusoni cu la mazzafrissa: piatto arcaico a base di gnocchi galluresi di semola di grano duro che si differenziano da quelli sardi per dimensione (circa 3 cm) e lavorazione. Vengono conditi con la *mazzafrissa* o con una salsa di burro e miele.

Purulzoni, Pulilgioni: piatto della Gallura costiera, i *purulzoni* sono dei ravioli ripieni di formaggio dolce fresco, conditi con una salsa alla sarda e abbondante pecorino. Tradizionalmente sono prodotti con forma quadrata o a mezzaluna.

Fasgioli e taddarini: zuppa di fagioli e tagliatelle originaria della tradizione contadina dello stazzo; è semplice ma saporita.

Secondi piatti

Coldula, Coldizedda: pietanza della tradizione rustica a base di intestino e coratella di agnello e lardo di maiale, insaporito con alloro e bacche di ginepro.

Rivea: coratella d'agnello o capretto allo spiedo, spesso preparata anche al tegame (*la cògghjia*).

Casgiu furriatu: piatto saporito e calorico a base di formaggio vaccino filante condito con miele. Viene consumato anche come antipasto o come dolce. Il segreto della sua riuscita sono il formaggio fresco e la panna di giornata. Anticamente si preparava il 23 giugno per la vigilia di San Giovanni.

Mazzafrissa: pietanza pastorale fra le più antiche e genuine della Gallura. Si tratta di un impasto di panna fresca di giornata e semola che viene cotto a fuoco lento in tegame insieme a miele o zucchero. Può essere consumato come sostanzioso secondo piatto o come dolce, ma più spesso è raccolto e conservato in vasi di terracotta e usato al posto del burro e dello strutto come condimento per gli gnocchi galluresi, la minestra e per la preparazione di dolci tipici.

Casgiu furriatu

Mazzafrissa

Coldula

Cucciuleddi

Dolci

Abatti: è una melassa ottenuta dall'infusione di miele e scorze di limone o arancia, che accompagna i formaggi freschi.

Acciuleddi 'e meli: dolcetti di pasta fritta ricoperta prima nel miele e poi di scorza d'arancia.

Cucciuleddi: dolci natalizi con un ripieno di miele, pan grattato, noci e mandorle tritate, scorza d'arancia, cannella, pepe e garofano.

Frisgioli: dolci di carnevale per eccellenza, sono frittelle cotte sovente nell'olio di lentisco.

Pani 'e sabba: dolce tipico di Ognissanti, è preparato mescolando il mosto d'uva cotto con uova e farina.

Siada: simile alla *sebada* del centro Sardegna, ma diversa per la forma e per il ripieno che prevede del prezzemolo tritato.

Associazione Cuochi della Gallura
Via Sant'Elena, 4, Olbia
Tel. 346 0277606
cuochigallura.it

Vini

Vermentino di Gallura: vino bianco D.O.C.G. prodotto dall'omonimo vitigno nel territorio della Gallura. Ha origini iberiche e fu introdotto dai liguri in Corsica da dove si diffuse poi in Gallura solo negli ultimi decenni del XIX secolo. Prodotto al 95% con l'omonima uva e con un possibile contributo di uve locali, presenta colore giallo paglierino intenso con leggeri riflessi verdognoli, profumo delicato, aromatico e caratteristico. Il sapore è morbido e persistente, con leggero retrogusto amarognolo. È prodotto in due tipologie: **bianco secco** e **bianco superiore**.

Ass. Strada del Vermentino di Gallura
Via Sa Murighessa, Monti
stradavermentinogallura.it

Nebiolo di Luras: nel territorio di Luras, dove si trovano le vigne più estese dell'alta Gallura, tra il Vermentino e il Moscato trova spazio l'ottimo Nebbiolo (o Nebiolo), la cui produzione e commercializzazione sono promosse dalla locale **Confraternita del Nebiolo**.
Ha fragranze con sentori di frutti di bosco maturi. Vino generoso, si accompagna a formaggi semi stagionati e salumi, è gradevole con i primi, ottimo con la zuppa gallurese e con grigliate e arrosti di carne.

Confraternita del Nebiolo
Via Nazionale, 51, Luras
Tel. 079 647258
confraternitanebiololuras.org

MITI DELLA GALLURA

S'agabadora → Nella tradizione sarda, e in particolare in quella della Gallura, esiste una figura femminile per metà mitica e per metà storica chiamata **accabadora** ("agabadora" in gallurese, dallo spagnolo "acabar", "terminare"), che praticava una sorta di eutanasia procurando la morte a persone in fin di vita su richiesta dei familiari con un piccolo martello di legno, **su mazzolu**. L'ultimo episodio noto avvenne a **Luras** nel **1929**. Un presunto esemplare d'olivastro de "su mazzolu" è conservato nel **Museo Galluras** di Luras.

Il muto di Gallura → Nel 1884, lo scrittore Enrico Costa pubblicò un libro intitolato "Il muto di Gallura", basato sulla storia vera di **Bastiano Tansu**, uno dei più noti latitanti sardi. Nato a Aggius nel **1827**, sordo e muto dalla nascita, Bastiano Tansu si diede alla macchia per vendicare la morte del fratello Michele, conseguenza della terribile faida tra le famiglie Vasa, Mamia e Pileri; divenne così uno dei banditi fra i più temuti e famosi della Gallura, anche dopo le "paci" del 1856.

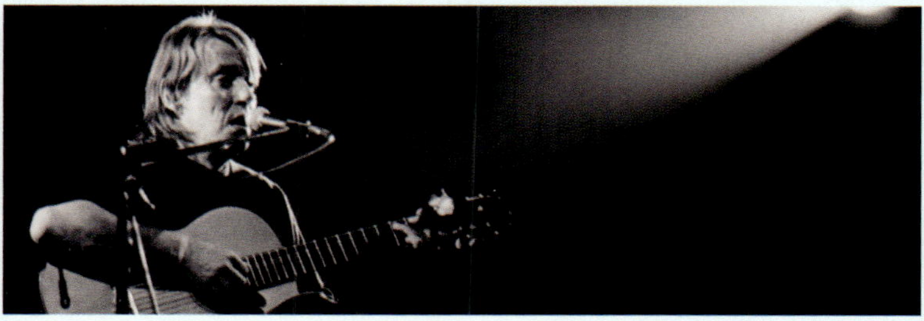

Fabrizio De Andrè e la Gallura → Negli anni '70 del secolo scorso, il ben noto cantautore Fabrizio De André scelse la Sardegna come luogo per vivere, comprando una tenuta agricola nelle campagne di Tempio Pausania (l'**Agnata**, oggi un rinomato hotel). Nonostante la triste storia del sequestro subito con la moglie Dori Ghezzi nel **1979**, l'artista dichiarò più volte il suo amore per la Gallura e la Sardegna, utilizzando persino la lingua sarda nelle sue canzoni.

SPORT IN GALLURA

Adventure Inside → *visitgallura.net*

La Gallura è terra ideale per praticare gli sport all'aperto, grazie al clima mite per la gran parte dell'anno e alla varietà di ambienti ed ecosistemi. Tra baie protette e scogliere rosate, tra ammassi granitici e scenografici tafoni, sorgenti naturali e stazzi abbandonati, si attraversano e si vivono spazi scarsamente popolati, fattore che resta la vera attrattiva di una terra ancora oggi isolata e selvaggia.

Vela, surf, windsurf, kitesurf

Vento costante e prorompente, trasparenze e paesaggi selvaggi, la Gallura è uno dei paradisi della vela nel Mediterraneo. Numerose le rade naturali e le attrezzature portuali, yacht club e scuole di vela che organizzano corsi e regate, fra le più note del Mediterraneo, come la **Regata di Vela Latina** a Palau. Molto importante lo **Yacht Club di Porto Cervo** e il **Capo Testa Yachting**. Per la pratica del surf, sono notevoli gli spot di Capo Testa, Palau, La Maddalena, Capo Coda Cavallo e San Teodoro.

Diving & Snorkeling

I fondali marini della Gallura sono noti per la limpidezza. L'**Isola di Tavolara**, l'**Arcipelago**

della Maddalena e l'**isola di Mortoriotto** (Porto Rotondo) presentano dei punti di immersione fra i più affascinanti del Mediterraneo. Centri specializzati e club offrono corsi d'immersione, itinerari subacquei e weekend "full immersion".

Kayak

Gli appassionati di kayak in Gallura possono pagaiare su rotte con differenti difficoltà tecnico-atletiche. Nelle giornate di bonaccia è fantastico costeggiare in canoa le battigie e le scogliere isolate. Le isole dell'Arcipelago della Maddalena, la **Costa Smeralda** e le falesie dell'**Isola Rossa** di Trinità d'Agultu, così come i placidi bacini interni, sono solo alcune delle mete raggiungibili pagaiando.

Trekking, ippotrekking, mountain bike

Uno dei modi migliori per scoprire e vivere la Gallura è la pratica dell'escursionismo. Si possono compiere escursioni a **piedi**, in **bici** e a **cavallo** di notevole interesse ambientale, paesaggistico, archeologico. Alcuni sentieri, come sul **Monte Limbara** (Tempio Pausania) e sul **Monte di Deu** (Calangianus), sono stati realizzati dall'Ente Foreste della Sardegna,

altri sono stati aperti da associazioni di appassionati. Molto interessanti i percorsi lungo i sentieri dei carbonai sul massiccio del **Monte Nieddu** (San Teodoro, Padru), da cui si ha una notevole vista verso l'isola di Tavolara, nella zona di **Capo Testa**, per la bellezza delle spiagge e delle scogliere di granito, e nella zona del **rio Coghinas**. Una delle escursioni più belle e più difficili si svolge nell'**Isola di Tavolara**: lungo un impegnativo percorso si raggiunge **Punta Cannone**, da cui si ammira tutta la costa fino alla Corsica.

Canyoning

A causa del numero ridotto di percorsi torrentistici, il canyoning in Gallura è un'attività strettamente legata alla pratica escursionistica. Notevoli le discese attrezzate sul **Monte Nieddu**, in particolare lungo il corso del **Rio Pitrisconi**, con alcune piscine naturali davvero suggestive.

Climbing, bouldering

I graniti della Gallura, in particolare tra Arzachena, Olbia, Tempio Pausania e Santa Teresa, sono l'ambiente ideale per gli appassionati di arrampicata. Esistono vie attrezzate dal quinto all'ottavo grado. Di recente ha preso piede anche la pratica della discesa in corda doppia (bouldering) poiché sono innumerevoli i *boulder* su cui praticare, da Luogosanto a Arzachena a La Maddalena.

Birdwatching

La Gallura racchiude un tesoro inestimabile anche per gli amanti del birdwatching, grazie alla presenza di numerosi stagni e lagune dove vivono e nidificano alcune fra le più importanti specie di uccelli del Mediterraneo. I luoghi più interessanti sono lo **stagno di San Teodoro** e l'**Isola di Tavolara** (Olbia).

EVENTI IN GALLURA

Carrasciali timpiesu → **Tempio Pausania** → **febbraio/marzo**. I carri allegorici invadono la cittadina di Tempio Pausania guidati dal fantoccio di Re Giorgio. Il re del carnevale sarà prima festeggiato e poi bruciato perché ritenuto colpevole di tutti i mali della comunità.

Settimana Santa → **Aggius** → **marzo/aprile**. I riti della Settimana Santa di Aggius sono fra i pochi rimasti immutati in Gallura. Le celebrazioni paraliturgiche si svolgono per le strade del centro storico, guidate dalle antiche confraternite.

Festa di San Simplicio → **Olbia** → **maggio**. La festa più importante di Olbia e dintorni è celebrata con riti religiosi e civili di grande importanza, fra cui una processione,

Carnevale di Tempio

Riti della Settimana Santa di Aggius

spettacoli folk, gare di poesie e la sagra dei ricci di mare.

Rassegna enogastronomica "L'Agliòla" → **San Teodoro** → **maggio**. L'imperdibile rassegna mette in vetrina le tradizioni culinarie e i vini della Gallura.

Una notte in Italia-Festival del cinema italiano → **Isola di Tavolara** → **metà luglio**. Nato nel 1991, il festival è incentrato sul cinema italiano e si svolge all'aperto, nell'impareggiabile cornice dell'Isola di Tavolara. La manifestazione propone anche un programma di eventi collaterali.

La valigia dell'attore → **La Maddalena** → **fine luglio**. Festival dedicato al lavoro dell'attore, è intitolato a Gian Maria Volontè, cittadino onorario di La Maddalena. Nasce per contribuire alla conoscenza, all'approfondimento e alla diffusione della cultura e dello spettacolo.

Festa di San Paolo → **Monti** → **metà agosto**. Una delle feste più sentite del Nord Sardegna. È incentrata sulle celebrazioni religiose e folk, caratterizzate dal pellegrinaggio dalla chiesa parrocchiale di Monti al santuario che dista circa 13 chilometri.

Sagra del Vermentino → **Monti** → **agosto**. Ogni prima domenica di agosto, nella Cantina del Vermentino Monti si svolge la sagra dedicata all'omonimo e ben noto vino, con degustazioni di prodotti tipici e spettacoli folk.

Musica sulle Bocche → **Santa Teresa di Gallura** → **fine agosto**. Festival internazionale di jazz che, con la direzione artistica di Enzo Favata, presenta un panorama di artisti e progetti musicali di altissima qualità.

Rally d'Italia, Sardegna → **Olbia** → **Costa Smeralda** → **fine settembre**. Si disputa dal 1978 sui difficili e suggestivi sterrati galluresi, ed è ai vertici del Campionato Italiano. Un appuntamento imperdibile per gli appassionati in Sardegna.

Rassegna del Nebbiolo → **Luras** → **fine settembre/ottobre**. Promossa dalla Confraternita del Nebiolo di Luras, ha l'obiettivo di promuovere la cultura e la coltivazione del Nebiolo. Propone la vendemmia comunitaria, un convegno a tema, la consegna del premio al miglior vino e degustazioni di prodotti tipici di Luras.

Rally della Costa Smeralda

LA GALLURA COSTIERA

Budoni, San Teodoro, Padru, Loiri-Porto San Paolo, Olbia, Golfo Aranci, Costa Smeralda, Arzachena, Palau, La MAddalena, Santa Teresa di Gallura, Aglientu, Trinità d'Agultu e Vignola, Badesi

BUDONI (alt. 16, ab. 4300)

Il paese di Budoni si trova all'estremo sud della Gallura. Sono numerosi i resti dell'epoca preistorica nel suo territorio, come le **domus de Janas de l'Agliola**, nei pressi della frazione di **Solità**, il **nuraghe Su Entosu** e il **nuraghe Conca 'e Bentu**. Negli anni '50 del secolo scorso Budoni era poco più che un ovile; si è sviluppato grazie al turismo e oggi è una delle località più rinomate della costa orientale. In paese è interessante una vista presso il **Museo dello Stazzo**, dove rivive la memoria della vita contadina locale.

Chiesa di San Pietro

Il centro

Spiaggia e pineta di Budoni

Spiaggia di Cala Budoni

Matta 'e Peru

Spiaggia di Agrustos

Porto di Ottiolu

Il litorale è caratterizzato da lunghi arenili che si alternano a cale e insenature rocciose, a cui fanno corona gli stagni dove vive un'abbondante fauna palustre. La spiaggia principale è la vasta **Cala Budoni**. Sono numerose le frazioni divenute stazioni turistiche importanti, come **Matta 'e Peru**, in prossimità dell'omonima spiaggia. Una deviazione a destra ci conduce a **Baia Sant'Anna**, caratterizzata da spiagge di ciottoli e vaste pinete.

Poco oltre, la frazione di **Tanaunella** è orientata verso il mare di **Porto Ainu**. Da visitare lo **Stazzu di San Pietro**, con la **chiesetta di San Pietro del Bosco**, di origine trecentesca. Più a nord vi sono le frazioni balneari di **Agrustos** e **Ottiolu**: quest'ultima è caratterizzata da una bella spiaggia e un porto turistico da cui partono le imbarcazioni per la visita all'**Area Marina Protetta di Tavolara**.

SAN TEODORO
(gall. *Santu Tiadòru*, alt. 15, ab. 4800)

San Teodoro è una delle località turistiche più note e frequentate della costa orientale, grazie alle attrattive naturalistiche del suo territorio. La storia dell'abitato parte del Medioevo quando si chiamava *Offolle*, *Ovoddé* e poi *Oviddé*. Era collegato con il centro di *Civita* (Olbia) da una strada pisana. Probabilmente a causa delle pestilenze, il territorio rimase deserto fino al XVI secolo. Solo nel XVII secolo, con l'arrivo di alcuni agricoltori di Tempio, il nucleo di Oviddè risorse a nuova vita. Il paese, chiamato "San Teodoro" dopo la realizzazione della parrocchiale dedicata al soldato romano, santo d'Oriente, fu frazione di Posada fino al 1959. Oggi l'economia si basa sul turismo e

La costa di San Teodoro

La Cinta

Spiaggia di Isuledda

Spiaggia di Lu Impostu

San Teodoro

Stagno di San Teodoro

Stagno di San Teodoro

infatti San Teodoro dispone di ottime strutture ricettive. Molto importante il **porto turistico** in località *Niulòni*. Importanti le zone umide a ridosso delle spiagge, come lo **stagno di San Teodoro**, ricco di pesce e avifauna, fra cui i fenicotteri rosa. Molto belli anche gli stagni minori di **Ghjlgolu**, **La Pipara**, **Brandinchi** e **L'Isuledda**. La costa è caratterizzata da bellissime spiagge e cale protette da scogliere granitiche. Davanti all'abitato si distende la **spiaggia di Cala d'Ambra**, più a sud si trova il gioiello della **spiaggia di Isuledda**. A nord del paese si trova la famosa striscia di sabbia bianca e fine di **La Cinta**. Oltre lo stagno di San Teodoro si giunge alla località **Punta Aldia**, con un attrezzato porto turistico. Più a nord si trovano la magnifica **spiaggia di Lu Impostu** e la ben nota **Cala Brandinchi**, una delle meraviglie del mare orientale. Ancora più a nord vi è **Capo Coda Cavallo**, promontorio da cui si gode un maestoso panorama sulle isole di **Molara** e **Tavolara**. Il litorale è chiuso da **Punta Molara** e dall'incantevole **Cala Girgolu**. Il territorio di San Teodoro include parte del massiccio granitico del **Monte Nieddu** (Punta Maggiore, m. 971), meta di escursioni fra boschi di leccio, macchia mediterranea e pittoreschi *stazzi*. Presso la località di *Punta Molara* si trova il **Giardino della Macchia Mediterranea**, area d'interesse botanico, geologico e paesaggistico. In paese da visitare il **Museo della Civiltà del Mare** e **Centro di Documentazione Oceanografica e Sottomarina**.

Spiaggia di Capo Coda Cavallo

Spiaggia di Lu Impostu

Cala Girgolu

Valle del Rio Lerno

Borgo di Pedra Bianca

Sito di Santu Miali

PADRU (gall. *Patru*, alt. 170, ab. 2100)

Dal litorale si può raggiungere in breve tempo il piccolo centro di Padru, che posto sul versante Ovest del Monte Nieddu offre molte possibilità di escursioni tra boschi, sorgenti e torrenti, fra cui il **rio Lerno**. Molto importante il **sito archeologico di Santu Miali**, che attesta la frequentazione del territorio almeno dall'epoca romana: conserva infatti i resti di una grande villa del periodo tardo romano, una vasta necropoli del VI secolo d.C. con alcune tombe tardo romane della tipologia a ortostati, uniche in Sardegna, e i resti di due chiese medioevali in stile romanico. Nei pressi dell'altare della chiesa, che si presume fosse dedicata a Santa Lucia e caratterizzata da una doppia abside, è stato ritrovato un deposito di monete d'argento coniate dalla Repubblica di Genova e un sarcofago contenente le spoglie di un uomo, forse un importante personaggio medioevale. Da non perdere una visita alle **Foreste Demaniali di Sa Pianedda** e **S'Ozastreddu**. Oltre l'abitato vi è la **chiesa campestre di Sant'Elia Profeta**, di impianto quattrocentesco e parrocchiale dell'antico villaggio di *Urrà*. Verso sud, la strada per Alà dei Sardi attraversa un paesaggio di fertili valli, *stazzi* e pittoreschi borghi, come quello di **Pedra Bianca**, che offre magnifici panorami verso la **foresta di Usinavà** e **Punta Tepilora**. Le tradizioni agropastorali resistono ancora nelle numerose aziende agrituristiche dove si producono ottimi formaggi, salumi, miele. Notevole la produzione di vini D.O.C.: Vermentino, Cannonau, Vernaccia e Aleatico.

LOIRI - PORTO SAN PAOLO

(gall. *Lòiri*, ab. 2500)

Dal 1979, il paese di **Loiri** forma un unico comune con l'insediamento balneare di Porto San Paolo e alcune frazioni, combinazione perfetta di campagna e mare. All'ingresso di Loiri vi è un notevole esemplare secolare di ulivo posto a custodia della **chiesetta di San Nicola e Sant'Antonio Abate**. Alcune abitazioni sono costruite in *pietra 'e lozzu*, un impasto d'acqua e fango. L'abitato di **Porto San Paolo** sorse

Spiaggia di Porto Istana

Spiaggia delle Saline

Capo Ceraso

Spiaggia di Porto Istana

con l'insediamento di una colonia di pescatori di Ponza. La bellezza della spiaggia e del mare ne hanno favorito lo sviluppo turistico. Lo stile architettonico ricalca quello della Costa Smeralda. È dotato di un **porticciolo** da cui partono i barconi per la visita del **Parco Marino di Tavolara**. Oltre le meravigliose trasparenze delle **spiagge di Porto Istana** si trova lo spettacolare promontorio granitico di **Capo Ceraso**, con le **spiagge di Marina Maria** e **Li Cuncheddi** e poi le spiagge e gli stagni delle **Saline** e del **Lido del Sole**.

PARCO MARINO DI TAVOLARA E CAPO CODA CAVALLO

Istituito nel 1997, il parco include circa 40 km di litorale nei territori di Olbia, Loiri-Porto San Paolo e San Teodoro. Le peculiarità naturalistiche e paesaggistiche lo rendono uno dei siti più affascinanti del Mediterraneo. Graniti rosa si alternano ad alte dune, a stagni e lagune, piccole cale e lunghi arenili di sabbia rosata. Include la **spiaggia de La Cinta** e la **laguna di San Teodoro**, **Cala Brandinchi**, **Porto Taverna**, le **spiagge** e gli **stagni di Porto Istana**, il **promontorio di Capo Ceraso** e l'arcipelago con l'**isola di Tavolara** e l'**isola di Molara**. Tutta l'area riveste enorme importanza per la presenza di endemismi botanici e un'alta varietà di **avifauna**. Oltre ai fenicotteri rosa, nidificano aironi

Capo Coda Cavallo

La Cinta

Cala Brandinchi

Spiaggia di Spalmatore

Isola di Tavolara

Punta Cannone

Spiaggia Bianca

cinerini, garzette, germani reali. Sono unici e di gran pregio naturalistico i **paesaggi sottomarini**, grazie alla straordinaria trasparenza dell'acqua. L'**Isola di Tavolara** è un imponente scoglio calcareo del Mesozoico che s'innalza fino a **Punta Cannone** (m. 565), raggiungibile con una impegnativa escursione a piedi e da cui si ha un panorama eccezionale sulla costa orientale. Lungo il percorso, da vedere il **monumento naturale dell'Arco di Ulisse**. Sulla costa sud-orientale dell'isola vi è la bella **spiaggia di Spalmatore di Terra**, con un porticciolo e servizi ricettivi. Dalla **spiaggia di Punta Molara** si può ammirare il grande scoglio granitico dell'**Isola di Molara**, oasi botanica e faunistica dove vivono alcune delle più importanti colonie d'uccelli marini del Mediterraneo. Le isole si possono raggiungere con i barconi partendo da Porto San Paolo.

OLBIA (gall. *Terranoa*, ab. 52000)

Affacciata su una delle tipiche insenature della Gallura, protetta dal promontorio di Capo Figari a nord e da quello di Capo Ceraso a sud, la città di Olbia sorge in un luogo conosciuto fin da tempi remoti come approdo ideale, fatto che spiega le antiche origini del centro. Sebbene non si possa escludere un'origine nuragica, l'archeologia ci conduce all'età punica e all'età romana, quando l'abitato si chiamava "*Olbia*" (la Felice). Il nome di origine greca suffraga insieme al mito l'ipotesi di una colonia ellenica. Fonti come Diodoro e Pausania ne attribuiscono la paternità a Iolao,

Collana fenicia

Capitello ionico

Resti dell'acquedotto romano

Il faro di Olbia

L'Aeroporto Olbia-Costa Smeralda

Il Porto di Olbia

Allevamento dei mitili

nipote di Eracle. In seguito, la città cambiò nome per ben cinque volte. Alla ricca Olbia romana succedette la bizantina *Fausania*. In età medievale fu capitale del Giudicato di Gallura con il nome di *Civita*. Alla fine del XIV secolo passò sotto il dominio di Pisa che nel 1324 la cedette agli Aragonesi. Quella spagnola fu un'età di epidemie e incursioni piratesche che ridussero l'abitato a un villaggio. Nel XIX secolo, col nome di *Terranova Pausania*, la città si riappropriò del ruolo di porta d'ingresso della Sardegna e finalmente, nel 1939, riprese l'antico nome di *Olbia*. Dalla fine della seconda guerra mondiale la sua crescita è stata costante, soprattutto grazie al turismo, con l'espansione del **porto** e la realizzazione dell'**aeroporto**. L'economia si basa anche su un'ottima produzione di **mitili**.

IL MUSEO ARCHEOLOGICO DI OLBIA

Il 1 luglio 1999, durante i lavori di scavo nell'area del **vecchio porto** di Olbia, fu fatta una scoperta straordinaria, con il ritrovamento delle strutture di un **porto romano** e i **moli della città medioevale**. L'eccezionalità del ritrovamento consiste nel recupero di ben **24 navi**, due risalenti all'età di Nerone, sedici al V secolo, affondate dai Vandali, e sei all'epoca giudicale. I resti delle navi sono oggi esposti nel **Museo Archeologico**, che racconta la storia di Olbia con il suo porto e le sovrapposizioni culturali, con particolare attenzione alle fasi fenicia, greca, punica e romana. È il museo che in Italia espone il maggior numero di navi antiche e l'unico al mondo che mostra alberi e timoni dell'età romana. Al pianoterra del museo sono presenti sezioni ricostruttive a scala reale di navi onerarie romane, aste da timone e due alberi. La Sala 3 ospita il relitto di una piccola imbarcazione medievale, l'unica al momento

esposta in Italia. Un video nella Sala 4 rievoca l'attacco dei Vandali alla città romana. Il piano superiore espone invece i ritrovamenti dell'area urbana di Olbia, con documentazioni dal periodo prenuragico al nuragico, dalla nascita dell'insediamento fenicio a quello greco. Nella Sala 2 vi sono esposti reperti dal periodo cartaginese al periodo romano. Il reperto più interessante del periodo della piena romanizzazione, a partire dalla metà del I sec. a.C., è la straordinaria **testa di Ercole**, la divinità più importante della città. Le altre sale del primo piano raccontano il passaggio al dominio dei Vandali, poi all'età bizantina e ai successivi periodi giudicale, aragonese-spagnolo, piemontese, unitario e postunitario.

Loc. Isola di Peddona
Porto Vecchio
Tel. 0789 28290 - Ingresso gratuito

Orari: lunedì e martedì chiuso;
mattino 10.00-13.00
pomeriggio 17.00-20.00

Siti e monumenti

Prima di entrare a Olbia, lungo la SS 131 possiamo fermarci a visitare i resti del **castello medioevale di Pedreso**, edificato nella piana del **rio Padrongianu** dai giudici di Gallura. Poco distante si trova la **tomba dei giganti Su Monte de S'Ape**, del II millennio a.C. e in buono stato di conservazione. Entriamo in città seguendo le indicazioni per il centro. Dal nuovo lungomare possiamo raggiungere il **Molo Brin**, dove si trova il **Museo Archeologico**, gioiello architettonico dove si conservano

Castello di Pedreso

Su Monte de S'Ape

Museo Archeologico

reperti nuragici, punici e romani e alcune **navi romane**. Dal lungomare inizia **Corso Umberto**, la via storica del commercio: vi prospettano il **Palazzo Municipale**, alcuni palazzotti ottocenteschi, la **Biblioteca Comunale Simpliciana** e l'**ex-Albergo Italia** (oggi **Olbia Expò**). Sugli architravi delle abitazioni è facile scorgere **epigrafi settecentesche**. Sulla destra del Corso, da non perdere la **chiesa primaziale di San Paolo**, il cui impianto risale al XVIII secolo, con una cupola in tegole maiolicate che è uno dei simboli della città.
Di lato si trova l'**oratorio di Santa Croce**. Dal Corso Umberto si

Palazzo Municipale

Piazza Margherita

Chiesa di San Paolo e Oratorio di Santa Croce

possono raggiungere a piedi le **mura puniche** di Via Torino e i resti dell'**acquedotto romano** in Via delle Terme. A nord del Corso, oltre la stazione F.S., da non perdere la **chiesa di San Simplicio**: edificata dai Pisani nel XII secolo in stile romanico su una necropoli romana, la cattedrale di *Civita* fu sede episcopale fino al 1503. All'interno si trovano iscrizioni in latino e cippi miliari della strada che da Olbia conduceva a *Caralis*. Uscendo dalla città lungo la **SS125**, verso nord e poi imboccando la Via Cabu Abbas raggiungiamo la **chiesa campestre**

Chiesa di San Simplicio

>> IL POZZO SACRO NURAGICO DI SA TESTA

Molto interessante per la sua struttura architettonica, è datato tra la fine dell'Età del Bronzo e la prima Età del Ferro. Il tempio a pozzo conserva parte del vestibolo, che immette in una **scala di 17 gradini** con la copertura costituita da lastre di granito disposte a piattabanda ad altezza scalare. La camera del pozzo è costruita con filari di massi disposti ad aggetto. Alla base della camera sgorga la sorgente ancora attiva.

di **N.S. di Cabu Abbas**; sulla cima del **Monte Cabu Abbas** si trova un interessante **complesso nuragico**, con una cortina muraria che cinge un nuraghe monotorre. Seguendo invece la **SP82** in direzione di Golfo Aranci, al km 3,300 un cartello segnala a destra il **pozzo sacro nuragico di Sa Testa**, del II millennio a.C., uno dei meglio conservati dell'isola. La suggestiva strada panoramica attraversa un paesaggio di magnifiche scogliere granitiche. Numerosi gli arenili, come il **lido di Pittulongu**, le **spiagge di Bados** e **Nodu Pianu**.

Lido di Pittulongu

Spiaggia di Bados

Spiaggia di Nodu Pianu

GOLFO ARANCI

(gall. *Figari*, ab. 2200)

Proseguendo verso nord si giunge alla località *Sos Aranzos*, in territorio di **Golfo Aranci**. Magnifiche le spiagge della zona, fra cui **Cala Sos Aranzos**, **Terrata**, **Punta Pedrosa**, la bella insenatura di **Cala Sassari** e il lungo arenile di **Spiaggia Bianca**. Poco oltre si trova l'insediamento turistico di **Baia Caddinas**, con un attrezzato porto e alcune belle spiagge. Sull'istmo dell'incantevole **promontorio di Capo Figari** si distende l'abitato di **Golfo Aranci**, che sorse alla fine del XIX secolo quando la Compagnia delle Ferrovie Sarde ottenne il trasferimento da Olbia. Nel 1919 Olbia riebbe il proprio servizio navale e Golfo Aranci si trasformò in rinomato centro di villeggiatura. Ma la bellezza della zona aveva già attirato l'uomo fin dalla preistoria, come testimonia la presenza del **pozzo sacro nuragico di Milis**, unico in Sardegna perché costruito in riva al mare, e raggiungibile percorrendo i binari per poche centinaia di metri dalla stazione F.S. Il **promontorio di Capo Figari** offre spiagge e mare incontaminati, fra macchia, ginepri e scogli di granito. Superata la stazione ferroviaria, proseguiamo lungo la strada sterrata (Via Cala Moresca) che offre un paesaggio

Golfo Aranci

Cala Sassari

Spiaggia Bianca

Cala Greca

Isolotto di Figarolo

Spiaggia di Marinella

incantevole grazie ai colori del mare e al selvaggio **Isolotto di Figarolo**. Dalla forma piramidale, con alte e ripide pareti, l'isolotto è simile geologicamente all'Isola di Tavolara. È popolato da una piccola colonia di mufloni e tante specie di uccelli. La stradina giunge alla splendida spiaggia di **Cala Moresca**, una delle più belle di Golfo Aranci. Dietro l'arenile ci sono i resti di una fornace dove veniva prodotta la calce. Da qui si può raggiungere a piedi la selvaggia insenatura di **Cala Greca**, caratterizzata da scogli rosa e da acque cristalline, paradiso del diving e dello snorkeling. Nelle vicinanze di Cala Greca si trova il cimitero degli equipaggi di tre piroscafi affondati nel 1887. Alla destra di Cala Greca si può raggiungere **Punta Filasca**, dove si conservano i resti di una batteria militare.

Da Golfo Aranci seguiamo le indicazioni per la **Costa Smeralda** e **Porto Rotondo**. Lasciato a sinistra il bivio per Olbia, una stradina sulla destra conduce alla magnifica **Cala Sabina**. Proseguendo per la Costa Smeralda lungo la **SP16**, poco oltre l'ingresso per la località balneare di **Marana** svoltiamo a sinistra per raggiungere la **chiesetta di N.S. del Monte** (XVIII secolo), che offre un magnifico panorama su **Golfo Aranci** e sul **Golfo di Marinella**. Rientrati sulla strada principale è d'obbligo una sosta alla **spiaggia di Marinella**.

LE FRAZIONI DI OLBIA

Dalla località di **Marinella** proseguiamo in direzione di **Porto Rotondo** (gall. *Poltu Ridundu*), un'insenatura naturale di forma pressoché circolare e ben protetta dai venti, sul lato orientale del **golfo di Cugnana**. Pur non facendo parte della Costa Smeralda, la bellezza della natura ne ha fatto una delle mete più ambite del turismo d'élite, al pari di Porto Cervo, con cui gareggia per attrezzature portuali, mondanità e boutique esclusive. A caratterizzare il paesaggio urbano ci sono la *Piazza Quadra*, l'anfiteatro e la bella **chiesa di San Lorenzo**, impreziosita dalle sculture di Mario Ceroli. Bella anche l'escursione verso le spiagge di **Punta della Volpe**.

Proseguendo lungo la **SP99** e poi imboccando la **SP73**, giungiamo a un'altra rinomata località balneare,

Punta della Volpe

Porto Rotondo

La piazzetta

Spiaggia Ira, Porto Rotondo

Portisco

Spiaggia di Rena Bianca

Chiesa di San Pantaleo

Portisco, che giace proprio di fronte a Porto Rotondo, sul versante Ovest del golfo di Cugnana. Portisco è rinomata per la bellezza delle sue spiagge, come quella di **Rena Bianca**, e per la presenza di un **porto turistico** che fa concorrenza a Porto Cervo.

Da Portisco, in direzione ovest, lasciamo il litorale per dirigerci verso il pittoresco borgo di **San Pantaleo** (alt. 166, ab. 650), attraversando il tipico paesaggio della Gallura interna. Il piccolo centro nacque per iniziativa degli abitanti degli stazzi dei dintorni ai piedi di spettacolari **guglie di granito rosso**. È caratterizzato da case a un piano e palazzotti in stile gallurese disposti intorno alla **chiesa di San Pantaleo**. A partire dagli anni Settanta del secolo scorso, diversi artisti si sono stabiliti nel paese, attratti dalla sua atmosfera fuori dal tempo e lontana dalla mondanità della Costa.

LA COSTA SMERALDA

Superato Portisco, entriamo nel territorio della frazione di **Abbiadòri** (gall. *L'Abbiadori*, ab. 250). Fra spuntoni granitici e macchia incontriamo le bellissime spiagge di **Cala Razza di Juncu**, **Cala Petra Ruja** e ancora più a nord la ben nota **Liscia Ruja**. Lungo la **SP94** si giunge all'insenatura di **Cala di Volpe**, dove s'impone la mole dell'omonimo famoso hotel. Sul lato occidentale dell'insenatura si giunge alla località di **Capriccioli**, con la **spiaggia di Petra Manna** o **La Celvia**. La bella **spiaggia di Capriccioli** si trova proprio di fronte agli **isolotti di Mortorio** e **Soffi**. Dal centro della località, lungo la Via Romazzino, si giunge alla località di **Romazzino** dove si trovano la magnifica **spiaggia del Principe** (*Portu Li Coggi*) e la **spiaggia di Romazzino**, proprio di fronte al famoso omonimo hotel. Più a nord ancora una breve escursione conduce alla placida insenatura di **Porto Liccia**.

Cala di Volpe

Spiaggia del Principe

Spiaggia di Capriccioli

Da qui torniamo indietro verso sud per riprendere la strada in direzione di Abbiadori, attraversando la zona dove sorge uno dei migliori campi da golf del mondo, il **Pevero Golf Club**. In direzione di Arzachena, da non perdere un'escursione al **Monte Moro** (m. 422): fra macchia e *tafoni* granitici, dalla sua sommità si gode di un panorama emozionante dalla Corsica a Tavolara. Lungo la **SP59** si giunge alla località di **Golfo Pevero**, con due belle cale però purtroppo invase dal cemento.

Seguendo la provinciale si giunge a **Porto Cervo** (gall. *Li Monti di Mola*, ab. 400), il principale centro della Costa Smeralda e la cui architettura, che vanta nomi di prestigio internazionale, è oramai un modello edilizio nel Mediterraneo. Cuore della mondanità è la celebre *Piazzetta*, con i suoi costosissimi negozi e il *Porto Vecchio*. Il *Porto Nuovo*, sulla sponda opposta, ospita velieri, yacht e motoscafi. Nella parte alta dell'abitato si erge la bella **chiesa di Stella Maris**, edificata nel 1969 in stile mediterraneo. Fra le sue

Golfo del Pevero

Chiesa di Stella Maris

>> LA NASCITA DELLA COSTA SMERALDA

La fascia costiera tra il golfo di Cugnana e il **golfo di Arzachena** comprende oggi uno dei più importanti poli turistici del Mediterraneo, con ville e alberghi di lusso affacciati su un mare spettacolare. L'idea, lanciata da gruppo di imprenditori guidati dall'**Aga Khan Karim IV**, trasformò il litorale, un tempo territorio selvaggio abitato da pastori e contadini, nel fulcro del turismo d'élite del Mediterraneo: ciò ebbe come conseguenza la parziale perdita della cultura legata al mondo agropastorale e a quello del mare.

opere d'arte vi è un dipinto della *Mater dolorosa* attribuito a El Greco. Lungo la litoranea incontriamo le famose **spiagge di Cala Granu**, **Pitrizza** e **Liscia di Vacca**.

Da Porto Cervo possiamo raggiungere il promontorio di **Capo Ferro** a nord, zona caratterizzata da basse scogliere e dalla presenza dell'omonimo **faro**. La **SP59** continua fino alla località di **Poltu Quatu**, un fiordo di incomparabile bellezza che con gli anni è stato purtroppo cementificato per realizzare un villaggio fulcro della vita mondana. È dotato di un **porto turistico** con numerosi yacht.

Continuando lungo la provinciale, oltre il villaggio di **Rena Bianca** giungiamo all'estremo occidentale del **Golfo di Arzachena**, fermandoci presso la rinomata località turistica di

Spiaggia di Pitrizza

Liscia di Vacca

Poltu Quatu

Baja Sardinia (gall. *Cala Battistòni*, ab. 150), con una spiaggia bella e ben attrezzata. L'architettura del paesino s'ispira a quella di Porto Cervo. Nelle vicinanze troviamo locali notturni e un **parco acquatico**.

Proseguendo lungo la litoranea, superiamo le strutture e le **spiagge di Cala Bitta** e poi il **rio San Giovanni**, che forma gli **stagni di Saloni**, dove vive una ricca fauna palustre fra cui il pollo sultano e il fenicottero rosa. Imboccando la **SP13** verso nord raggiungiamo in breve le frazioni di **Cannigione** (gall. *Lu Cannisgioni*, ab. 800) e **Laconia**, dalla parte opposta del golfo. Cannigione nacque gli inizi del XX secolo come villaggio di pescatori; oggi è un centro turistico all'avanguardia e la pesca è un settore secondario. Dal **porto turistico** partono le barche per la visita del **Parco Nazionale di La Maddalena**.

Baja Sardinia

Laconia

Cannigione

Nuraghe Albucciu

Monti Incappidatu

Tomba dei giganti di Li Lolghi

ARZACHENA

(gall. *Alzachèna*, alt. 80, ab. 12200)

Seguendo la SP13 verso sud, giungiamo nel paese di Arzachena, posto in posizione dominante sull'omonima insenatura. Il suo territorio conserva notevoli testimonianze prenuragiche e nuragiche. All'ingresso del paese, attraversando il sottopassaggio, visitiamo il **nuraghe Albucciu** (XVIII secolo a.C.): discretamente conservato, presenta una struttura di tipo misto che associa elementi del nuraghe a corridoio e del nuraghe a ogiva. Di fronte al nuraghe, una strada sterrata da percorrere a piedi sale fino all'altura di **Monte di Nuraghe**, dove si trova il **tempio nuragico di Malchittu** (II millennio a.C.), un edificio sacro unico nel suo genere, un tempio "in antis" che fa parte di un complesso con una capanna di notevoli dimensioni, un nuraghe e diverse sepolture.

In età romana la località dove oggi sorge il paese era nota col nome di *Turibulum*, per via della **roccia a forma di fungo**, che dalla sommità del **Monti Incappidatu** domina ancora l'abitato. Nel Medioevo, il centro di *Arseguen* era il capoluogo della *Curatoria di Unale*. Dopo la caduta del Giudicato di Gallura e l'inizio della dominazione spagnola si spopolò a causa delle incursioni saracene e delle pestilenze. Fu rifondato nel 1716. In paese da visitare la **chiesa di Santa Lucia** (XVIII secolo), la **chiesa di S.M. della Neve**, del 1776, la **chiesa di Santu Petru**, che esisteva già nel 1776 ma fu riedificata su un terreno adiacente, e il **Museo Etnografico e Mineralogico**, con un'interessante esposizione di minerali e fossili. L'entroterra è ricco di pittoreschi **stazzi** e **chiese campestri**, fra cui quelle di **San Luca di L'Agliuledda** e di **Santu Ghjuanni d'Alzachena**.

Uscendo da Arzachena verso ovest, seguiamo la **SS125** per Palau e subito imbocchiamo la **SP115** in direzione della frazione di **Bassacutena** (Tempio Pausania); dopo 3 km troviamo a sinistra il cartello per la **tomba dei giganti Li Lolghi**, una delle tombe megalitiche più belle e meglio conservate dell'isola. A poca distanza in direzione ovest, da non perdere il **sito di Li Muri**, testimonianza della cosiddetta "Cultura dei circoli di Arzachena". Lungo la **SP14** per Luogosanto, da visitare il **villaggio nuragico La Prisgiona**, che include l'unico nuraghe di tipologia "classica" presente in Gallura, e a circa 600 m di distanza a sud-est la notevole **tomba dei giganti di Lu Coddu Vecchju** (anche *Ecchju*) o **Capichera**.

Circoli megalitici di Li Muri

>> LA TOMBA DI GIGANTI DI LU CODDU VECCHJU

L'imponente monumento era in origine una *allée couverte* risalente al III millennio a.C. Fu in seguito ristrutturato e modificato dalle popolazioni nuragiche che aggiunsero un'esedra semicircolare e una stele centinata di granito. L'esedra è formata da grosse pietre conficcate nel terreno; la grande stele, la più alta tra quelle conosciute in Sardegna, si eleva per 4,40 m ed è larga alla base 1,90 m; è formata da due pietre finemente lavorate, sovrapposte e sapientemente incastrate tra loro; ha conservato la "falsa porta" scolpita, simbolo dell'ingresso nella dimensione della morte, che immette nella camera sepolcrale lunga 10 m e pavimentata con lastroni.

PALAU (gall. *Lu Palau*, ab. 4100)

Da Arzachena, lungo la **SS125** in direzione nord si giunge a **Palau**, attraversando un paesaggio aspro che si apre su una baia fra le più scenografiche della Sardegna, caratterizzata da magnifici **tafoni granitici**, delimitata a nord-ovest da **Punta Sardegna** e a nord-est dalle isole dell'**Arcipelago di La Maddalena**. Il nome di Palau risale al XIV secolo, quando i pescatori del luogo indicavano col termine "parago" (da cui *Parao*), i punti della costa ben riparati dal vento. Nato al principio del XIX secolo, il centro si sviluppò grazie al traffico marittimo con l'arcipelago e come terminale della ferrovia a scartamento ridotto Sassari-Tempio-Palau. L'abitato si distende attorno al porto, da dove salpano i traghetti che in 15 minuti raggiungono La Maddalena. Uno degli edifici di maggiore pregio del centro urbano è il **Palazzo Fresi**, dove ha sede L'Amministrazione Comunale. Interessante anche il **Museo Etnografico**, che espone oggetti d'uso domestico, del mondo della viticoltura, agricoltura, allevamento e degli antichi mestieri. Da non perdere un'escursione verso est: oltre il villaggio di **Baia Saraceno**, ci dirigiamo verso **Capo d'Orso**, dove si trova il monumento naturale della **Roccia dell'Orso**, meravigliosamente forgiato

Roccia dell'Orso

Panorama da Capo d'Orso

Porto Rafael

Porto Faro

Porto Pollo

dall'acqua e dal vento, in splendida posizione panoramica sulla baia. In direzione di Porto Rafael ci fermiamo sul **Monte Altura**, punto ideale per ammirare l'Arcipelago di La Maddalena. Tra granito e alte dune si nascondono le ville di **Porto Rafael**, villaggio fondato dal conte spagnolo Rafael Neville negli anni '60 del secolo scorso. Sul lato opposto del promontorio di Punta Sardegna raggiungiamo la bella **spiaggia di Cala di Trana**.

Proseguendo verso Santa Teresa, da non perdere la spiaggia di **Porto Puddu**, vicino alla suggestiva **foce del Liscia**, dichiarata "Oasi Permanente di Protezione Faunistica", e la suggestiva **isola dei Gabbiani**, unita alla terra da uno stretto istmo sabbioso. Sempre in direzione di Santa Teresa si trova il sito archeologico più interessante di Palau, la **tomba di giganti Li Mizzani**. Edificata nel Bronzo Medio (XV-XIII secolo a.C.) con tecnica mista, la camera funeraria e la parte inferiore dell'esedra furono realizzate con la tecnica a filari, mentre la parte superiore è costituita da lastroni infissi di coltello. Al centro dell'esedra si trova la stele monolitica centinata.

L'ARCIPELAGO DI LA MADDALENA

L'arcipelago si estende per circa 50 kmq ed è formato da sette isole – **Maddalena**, **Caprera**, **Santo Stefano**, **Spargi**, **Budelli**, **Santa Maria** e **Razzoli** – circondate da un mare fra i più belli al mondo. L'isola della Maddalena e Caprera sono le uniche abitate e raggiungibili con i traghetti. Le altre sono pressoché disabitate e raggiungibili soltanto con imbarcazioni private, dove l'accesso è consentito dai limiti imposti dal **Parco Nazionale**. L'intera area fu crocevia di traffici per le grandi civiltà mediterranee.

Conosciute in età romana col nome di *Cuniculariae* (dei conigli), le isole rimasero disabitate durante il Medioevo, anche se nel XII secolo un gruppo di monaci benedettini costruì un convento sull'isola di Santa Maria. Intorno al XVI secolo sulle isole si stabilirono i primi pastori e pescatori corsi. La posizione geografica impose all'isola della Maddalena un destino di avamposto militare fin dal 1767, quando i Piemontesi ne fecero una base di appoggio per le navi della Regia Marina Sarda. Dagli anni '70 del secolo scorso l'isola di Santo Stefano fu concessa agli Stati Uniti d'America come base di sommergibili nucleari. Per salvaguardare l'integrità dell'arcipelago, il 17 maggio 1996 fu istituito il **Parco Nazionale Arcipelago di La Maddalena** e il turismo è divenuto la principale risorsa economica.

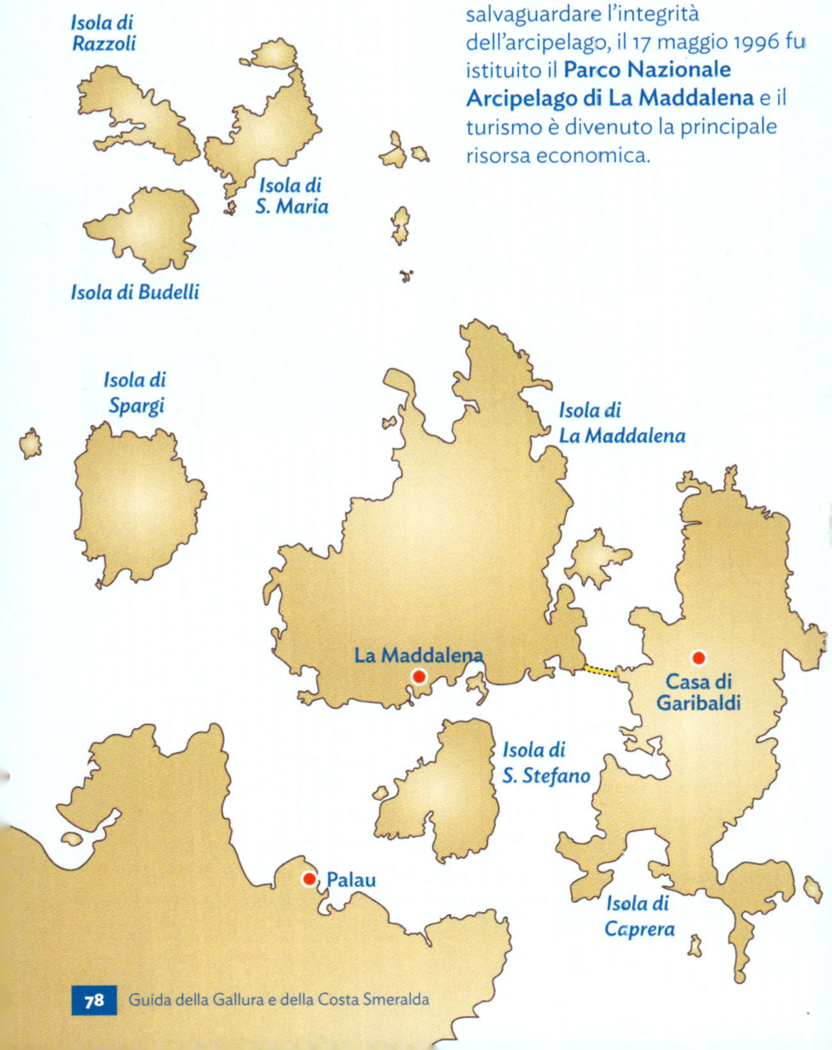

L'ambiente naturale

Caratteristiche generali del paesaggio dell'arcipelago sono i suoli granitici, la costa bassa e frastagliata dove si alternano spiagge, insenature e approdi naturali. L'arcipelago è incluso anche in diverse convenzioni di tutela internazionali, tra le quali il **Santuario dei Cetacei** e il **Parco Geo-Minerario della Sardegna** riconosciuto dall'UNESCO. Inoltre, l'intero arcipelago è un sito d'interesse comunitario (SIC) caratterizzato dalla presenza di oltre 700 entità vegetali, con 56 specie endemiche del genere *Limonium* e numerose altre specie rare. Dominano il ginepro, il corbezzolo e la macchia. Molto importanti le più vaste estensioni dell'area Mediterranea di *Artemisia densiflora* a Razzoli e i ginepreti a *Juniperus phoęnicea* a Spargi, Caprera, Budelli, Santa Maria e La Maddalena. L'arcipelago ricade tra le aree più importanti per la fauna vertebratica e in particolare per gli uccelli marini nidificanti. Importante la presenza del **gabbiano corso** e la sottospecie mediterranea del **marangone dal ciuffo**, le cui popolazioni all'interno dell'area rappresentano rispettivamente l'1% e il 3% della popolazione mondiale. L'Arcipelago inoltre ospita l'unica popolazione del Mediterraneo di **sterna comune**.

>> LE FORTIFICAZIONI MILITARI DELL'ARCIPELAGO

I **forti**, le **opere**, le **batterie** e le **casematte** presenti sulla costa sarda e sulle isole dell'arcipelago – in particolare a **La Maddalena**, **Caprera** e **Santo Stefano** – sono capolavori d'architettura militare ed elementi inconfondibili del paesaggio. Furono realizzate dai Savoia alla fine del XVIII secolo per difendere l'arcipelago dai contrabbandieri, dai Saraceni e anche dalla possibile riscossa dei Francesi. Il progresso tecnico nel campo dell'aviazione le rese vulnerabili a un attacco aereo e fu indispensabile ricorrere a impianti mimetizzati in calcestruzzo ricoperti da massi di granito.

LA MADDALENA

(gall. *A Madalena*, alt. 27, ab. 11500)

L'**isola della Maddalena**, con una superficie di 20 kmq, è la più grande dell'arcipelago e l'unica che ospiti un centro abitato. Il nome dell'isola è attestato dal **1527** su mappe e carte nautiche. Tra il XVII e il XVIII secolo fu popolata da pastori e pescatori corsi. Nel 1767 i Savoia vi insediarono una guarnigione militare e una base di appoggio per le navi della Regia Marina. Ma il primo nucleo della cittadina si formò soltanto nel **1770**, popolandosi di pastori corsi e pescatori provenienti da Ponza e Torre del Greco. Nel febbraio del **1793** l'isola subì un pesante bombardamento da parte di Napoleone Bonaparte, che fu respinto dalle milizie capeggiate da Domenico Millelire. Dieci anni più tardi la rada maddalenina ospitò la flotta britannica dell'ammiraglio Horatio Nelson in viaggio verso Trafalgar. A un periodo di decadenza seguì una forte ripresa grazie all'esportazione del granito e all'insediamento, nel **1891**, di una base navale della Marina Militare. La cittadina si distende a ridosso del **porto commerciale** dove attraccano i traghetti provenienti da Palau. Attraverso Via Vittorio Emanuele si raggiunge la **chiesa della Maddalena** (XVIII secolo), al cui interno sono custoditi un crocefisso e alcuni candelieri donati dall'ammiraglio Nelson alla città. La parrocchiale ospita anche il **Museo Diocesano d'Arte Sacra**, dove sono esposti un tesoro di paramenti sacri ed ex-voto di produzione gallurese del XVI-XVII secolo. Nella Piazza

La Maddalena

L'Ammiragliato

Colonna Garibaldi

Garibaldi sorge il **Palazzo del Municipio** (XX secolo), che conserva una bomba francese caduta sulla parrocchiale. Dalla piazza ha inizio l'animata Via Garibaldi. Nella Piazza XXIII Febbraio sono collocate la **colonna Garibaldi**, in memoria del primo centenario della nascita del generale italiano, e la targa che ricorda l'impresa di Domenico Millelire contro i Francesi. Nella periferia dell'abitato si trova il **Museo Archeologico Navale "Nino Lamboglia"**, dove sono conservati i resti di una grande nave romana affondata tra il 120 e il 110 a.C. nelle acque dell'isola di Spargi.

Dal centro abitato possiamo cominciare il periplo dell'isola percorrendo la strada panoramica **SP114**. Il tracciato di circa 20 km lambisce baie e spiagge e offre magnifici paesaggi dalla Sardegna alla Corsica. Seguendo il profilo della costa meridionale verso ovest, giungiamo alla splendida **Cala Nido d'Aquila**, racchiusa tra **Punta Tegge** e **Punta Nido d'Aquila**. La **spiaggia di Punta Tegge**, molto frequentata, è fra le più belle dell'arcipelago. Verso nord giungiamo alla notevole **Cala Francese**, stretta insenatura dal mare cristallino nelle vicinanze di una cava rinomata per la qualità del granito. Più avanti la strada sale sino a **Punta Li Colmi** e poi **Punta Della Guarda Vecchia** (m. 156), il punto più elevato dell'isola, dove si trova il grande **Forte San Vittorio**, uno dei primi costruiti dai Piemontesi. Proseguendo verso nord, oltre le belle **spiagge di Cala Majore** e **Baia Trinità**, raggiungiamo il lato settentrionale

Cala Francese

Spiaggia di Spalmatore

Spiaggia Monti de La Rena

Porto Massimo

caratterizzato dai promontori di **Punta Abbatoggia** e **Punta Martinetto** che racchiudono l'ampia baia di **Stagno Torto**. Verso l'estremo nord di Punta Abbatoggia, dopo l'omonimo campeggio, lungo la strada sterrata principale raggiungiamo la **spiaggia dello Strangolato**, meta ideale per gli appassionati di snorkeling, caratterizzata da acque verde smeraldo e fondale basso e sabbioso. La Punta Abbatoggia è contraddistinta da scogliere selvagge e dalla piccola **spiaggia dell'Uomo Morto** a est e dalla **spiaggia di Abbatoggia** a ovest. A centro della baia di Stagno Torto si trova la bella **spiaggia Monti de La Rena**. In breve ci si affaccia sulla costa orientale e dopo aver superato la località balneare di **Porto Massimo**, con la spiaggia di **Cala Lunga**, la costa si apre sulla meravigliosa **spiaggia dello Spalmatore**, fra le più belle dell'arcipelago. Prima di rientrare nel centro abitato, seguiamo a sinistra le indicazioni per l'**isola di Giardinelli**, collegata in realtà a

La Maddalena da un istmo. Qui possiamo visitare la splendida **spiaggia Testa di polpo** (*Capocchia du Purpu*) che deve il suo nome a una roccia a ridosso dell'arenile. Ritornati sulla strada panoramica, possiamo raggiungere la località balneare di **Villaggio Piras**, presso la quale una piccola baia protegge l'arenile di **spiaggia Piras**.

L'ISOLA DI SANTO STEFANO

È la quarta dell'arcipelago di La Maddalena per dimensione e la più vicina alla Sardegna. L'isola presenta una morfologia identica a quella delle altre isole dell'arcipelago, in prevalenza collinosa e con il litorale frastagliato, dove calette sabbiose si alternano a scogliere basse di granito. Tra il XVIII e il XIX secolo, i Piemontesi vi costruirono diverse fortificazioni, fra cui la **Torre Casamattata** e il **Forte San Giorgio**, conosciuto anche come "Forte di Napoleone" perché da questo edificio il generale corso bersagliò il centro abitato di La Maddalena nel 1793. Nel 1972, il governo italiano concesse agli USA una zona della costa orientale dell'isola per ospitarvi una **base navale** per sommergibili a propulsione nucleare che è stata finalmente dismessa nel 2008.

Spiaggia Testa di Polpo

Isola di Santo Stefano

L'ISOLA DI CAPRERA

Si accede a Caprera da La Maddalena tramite uno stretto istmo chiamato "Passo della Moneta". A nord della diga si entra nel **Compendio Garibaldino**, l'area acquistata da Giuseppe Garibaldi e oggi proprietà dello Stato trasformata in museo. Da visitare anche il **Museo Geo-Mineralogico e Naturalistico "G. Cesaraccio"**. Ancora più a nord raggiungiamo la ben nota **Cala Garibaldi**, con un vasto arenile fra i più grandi dell'isola. Poco oltre, in direzione nord, si trova la notevole spiaggia di **Cala Serena**. La strada continua in direzione nord-est per giungere fino alla **Batteria Arbuticci**. Le meravigliose baie di **Cala Caprese** e **Cala Napoletana**, sulla selvaggia costa nord occidentale, possono essere raggiunte a piedi o più agevolmente via mare. Seguendo la strada in direzione sud, sulla costa orientale non possiamo perdere la ben nota insenatura di **Cala Coticcio**, difficile da raggiungere a piedi, molto facilmente via mare, una delle spiagge più belle dell'arcipelago, bagnata da acque turchesi e racchiusa da rocce di granito rosa. Ancora verso sud, notevole l'escursione sul granitico **Monte Teialone** (m. 210), la punta più elevata dell'arcipelago, da cui si ha una vista magnifica. Vi si trovano i resti di una fortificazione militare. Una deviazione verso sud-est conduce alla bellissima **Cala Gavetta** o **Cala Brigantina**, che include spiagge di sabbia bianca e fine, raggiungibile molto più agevolmente via mare. In breve si raggiunge la frazione di **Stagnali**, affacciata sull'omonima baia. All'interno degli ex Baraccamenti Militari è stato allestito il **Centro di Educazione Ambientale del Parco**

Casa di Garibaldi

Cala Coticcio

di La Maddalena, dove si conservano campioni di rocce, sabbie, minerali, fossili. Il Centro di Educazione Ambientale comprende anche il "Centro Documentazione Aree Protette del Mediterraneo", il "Museo del Mare" e il "Centro Ricerca Delfini". Da Stagnali ci dirigiamo verso sud-ovest giungendo a **Punta Coda di Sardegna** e poi alla sede del **Centro Velico Caprera**, la più antica scuola di vela italiana e una delle più importanti del Mediterraneo. Da Stagnali imbocchiamo ora la strada verso sud in direzione di **Punta Rossa** e seguiamo le indicazioni per la **spiaggia del Relitto**. Lungo il percorso attraversiamo un breve istmo conosciuto come **spiaggia dei due Mari** o **Cala Portese**, caratterizzato da due litorali: a sud-ovest vi è una piccola spiaggia chiusa dalla scogliera, sul litorale esposto a nord-est vi sono due bellissimi arenili con sabbia rosata e acqua turchese, molto frequentati nel periodo estivo. La strada sterrata prosegue fino a un cancello dove si lascia l'automobile. Un breve sentiero a est conduce alla splendida insenatura di **Cala Andreani**, con un piccolo arenile racchiuso dalle dune e caratterizzato dal mare turchese. Dal cancello di **Punta Rossa** si può proseguire a piedi per visitare la batteria militare, da cui si può godere un magnifico panorama caratterizzato dalla presenza dell'**isola del Porco**. Riprendendo la sterrata verso nord, dopo trecento metri seguiamo a destra la stradina che conduce alla famosa **spiaggia del Relitto**, probabilmente la spiaggia più famosa di Caprera e sicuramente tra le più belle dell'arcipelago, con il suggestivo relitto del motoveliero Trebbo affondato nel 1922.

Cala Andreani

Spiaggia del Relitto

L'ISOLA DI SPARGI

È la terza per dimensione dell'arcipelago, un paradiso marino grazie all'ambiente incontaminato e alle meravigliose spiagge della costa orientale, fra le più belle e frequentate del Parco: **Cala Conneri**, **Cala Ciaccaro** (spiaggia Soraya), **Cala Granara**, **Cala Corsara**, e tante altre insenature e spiagge racchiuse tra scogli di granito e macchia mediterranea. Di fronte alla spiaggia di Cala Corsara è stato rinvenuto il relitto di una nave oneraria romana i cui reperti sono esposti nel Museo Archeologico Navale "Nino Lamboglia" a La Maddalena. Sul versante settentrionale vi sono alcune fortificazioni a picco sul mare, come la **Batteria Zanotto**. A nord-ovest di Spargi, l'isolotto di **Spargiotto**, è molto esposto alle tempeste di maestrale ed è un sito di particolare pregio ambientale dove nidificano rare specie di uccelli.

Cala Corsara

Cala Corsara

Spiaggia Rosa

Spiaggia Rosa

L'ISOLA DI BUDELLI

A nord di Spargi, l'isola di Budelli è famosa per il **monumento naturale della Spiaggia Rosa**, sottoposta a tutela integrale, il cui colore è dovuto all'elevata presenza di bioclasti derivanti dalla frammentazione, in particolare, del microrganismo *Miniacina miniacea*. Le coste dell'isola sono alte e accidentate, ma i colori del mare e i graniti che cingono le cale rappresentano uno spettacolo unico al mondo. Nell'estremo sud orientale dell'isola si trova la bella **Cala d'Arena**.
Il tratto di mare color smeraldo tra Budelli, Razzoli e Santa Maria è chiamato **Porto Madonna**. È forse il luogo più suggestivo del Parco. Meta ambita dai diportisti, vi sono ampie zone riservate alle attività di snorkeling e seawatching.

L'ISOLA DI RAZZOLI

A nord di Budelli, quasi unita a Santa Maria dal **Passo degli Asinelli**, è la più esposta a nord e colpisce per la maestosità della sua scogliera. Molto bella la **spiaggia di Cala Lunga**, l'unico arenile di una certa ampiezza. Imponente e suggestivo il **faro** che domina le Bocche di Bonifacio.

L'ISOLA DI SANTA MARIA

A nord-est di Budelli, diversamente dalle altre isole dell'arcipelago è caratterizzata dalla presenza di rocce di scisto. La costa frastagliata è bagnata da un magnifico mare verde costellato da isolotti. Sulla costa nord occidentale si trovano le notevoli **Cala Drappo** e **Cala Muro**, protette da un regime di tutela integrale. Lungo la costa orientale si trova la **Cala Santa Maria** con l'arenile più bello e più frequentato dell'isola. Dal piccolo molo parte la sterrata che conduce verso nord ovest fino al **faro di Punta Filetto**, da cui si gode una splendida vista sull'arcipelago. Verso sud-ovest si può raggiungere la piccola **spiaggia di Cala di Fosso** (Punta Missaggio), fra le più belle dell'arcipelago.

Passo degli Asinelli

Cala Santa Maria

Cala Santa Maria

SANTA TERESA DI GALLURA

(gall. *Lungòni*, ab. 4100)

Rientrati in Sardegna, oltre la **foce del Liscia** in direzione di Santa Teresa di Gallura, ci fermiamo presso la località balneare di **Porto Pozzo**, affacciata su una profonda e splendida insenatura. In direzione nord-ovest si può visitare la località de **La Marmorata**, con due belle spiagge; da qui giungiamo fino a

Porto Pozzo

Chiesa di San Vittorio

Costume tradizionale

Porto Longone

Spiaggia di Rena Bianca

Torre di Longosardo

Spiaggia di Rena di Ponente

Baia di Santa Reparata

Punta Falcone, estrema punta settentrionale della Sardegna. In breve raggiungiamo verso ovest il paese di **Santa Teresa di Gallura**. Affacciato sulle Bocche di Bonifacio, è famoso per le sue spiagge che ne hanno fatto una delle capitali turistiche del Nord dell'isola. Il territorio fu frequentato sin dal Neolitico e sono numerose le testimonianze dell'epoca nuragica, fra cui il **complesso archeologico di Lu Brandali**, in località **Santa Reparata**, a sud-est del centro abitato. In epoca romana, l'insenatura di **Porto Longone** sulla quale oggi si affaccia il paese, era un comodo approdo molto frequentato perché al riparo dai venti di maestrale. Nel medioevo, i giudici di Arborea costruirono un castello che fu poi distrutto dai Genovesi. Tutta l'area divenne per secoli rifugio di corsari e banditi.

Per contrastare i contrabbandieri, nel 1808 i Savoia fondarono il paese, caratterizzato da strade rettilinee e con al centro la piazza e la **chiesa di San Vittorio**. Dal centro dell'abitato si raggiunge il promontorio roccioso difeso dalla quattrocentesca **torre aragonese di Longosardo**, dalla quale la vista spazia dalla meravigliosa **spiaggia di Rena Bianca** alla costa della Corsica. A ovest di Santa Teresa si trova il promontorio di **Capo Testa**, collegato all'isola da una striscia di terra dove si distendono le splendide **baia di Santa Reparata** e **Rena di Ponente**. Ci inoltriamo nell'ambiente selvaggio di **Capo Testa**, giungendo fino all'omonimo faro.

Cala Spinosa

>> CAPO TESTA

La località deve la sua fama alle cale di candida sabbia lambite da acque di straordinaria limpidezza, alla magnifica vista sulle Bocche di Bonifacio e sulla vicina Corsica e, non ultimo, allo spettacolo dei massi granitici che affiorano ovunque, dal mare e dalla macchia, e che conferiscono al paesaggio un singolarissimo aspetto lunare. Chi è attratto dal fascino misterioso di una landa desolata non può perdere **Cala Grande**, ribattezzata *"Valle della luna"* dai giovani che accorrono da ogni parte del mondo. Le **cave romane di Capo Testa** hanno fornito colonne per il Pantheon di Roma, per il Duomo e il Battistero di Pisa.

AGLIENTU (gall. *Santu Franciscu d'Aglientu*, alt. 420, ab. 1100)

Da Santa Reparata ci dirigiamo verso sud lungo la **SP90** per entrare nel territorio di **Aglientu**, fra boschi di lecci e ginepri, e maestosi monoliti di granito. L'attrattiva principale del territorio di Aglientu sono i 22 km di costa, dove le dune si alternano a promontori rocciosi. Incontriamo la meravigliosa **spiaggia di Rena Majori**, poi **Cala Pischina** e subito dopo il suggestivo promontorio di **Monti Russu** (m. 90). A sud-ovest della penisola, raggiungiamo a piedi una serie di calette dalle acque turchesi e l'incantevole **spiaggia La Piana**. Proseguendo verso sud giungiamo a **Vignola Mare**, la cui spiaggia è dominata da una **torre aragonese**

Spiaggia di Rena Majori

Capo di Monti Russu

Spiaggia di La Piana

Spiaggia e torre di Vignola

Torre di Vignola

Scogliera di Portobello

costruita nel 1572 a guardia di un'antica **tonnara**. Da visitare la **chiesa di Santu Silvaru** (San Silverio) dedicata al santo dai Ponzesi che qui venivano a pescare aragoste. Il centro urbano risale al 1774, quando Vittorio Amedeo III fece edificare la **chiesa di San Francesco**. Numerose le chiese campestri nel territorio, fra cui quella di **San Pancrazio** (XVII secolo) e quella di **San Biagio**, che conserva una statua del santo del XV-XVI secolo. Il territorio di Aglientu termina con l'insediamento e le scogliere di **Portobello**, nelle cui vicinanze, seguendo le indicazioni, possiamo visitare il bel **nuraghe Tuttusoni**, monumento monotorre in buono stato di conservazione e del tipo a ogiva, una tipologia piuttosto rara tra i monumenti nuragici della Gallura.

Costa Paradiso

Costa Paradiso

Costa Paradiso

TRINITÀ D'AGULTU e VIGNOLA
(gall. *La Trinitai*, alt. 365, ab. 2000)

La **SP90** in direzione di Castelsardo penetra nel territorio del paesino di **Trinità d'Agultu**, caratterizzato da un litorale di 32 km, da Cala Sarraìna all'Isola Rossa, con paesaggi davvero suggestivi, spiagge e acqua cristallina e ottime attrezzature turistiche. Seguendo le indicazioni svoltiamo a destra per visitare la bella **Cala Sarraìna**. In pochi chilometri raggiungiamo il bivio per l'insediamento di **Costa Paradiso**, con ottimi servizi turistici. Il litorale è caratterizzato da numerose calette e dal gioiello della **spiaggia Li Cossi**, raggiungibile a piedi lungo un sentiero a picco su mare. Più a sud, il **Monte Tinnari** (m. 241) è il punto migliore per avere uno straordinario panorama della costa. Ai piedi dell'altura vi è la **spiaggia Tinnari**, formata da ciottoli di

secolo attorno alla
S. Trinità. La sua
zione, in collina ma a
mare, ha trasformato il
ntro turistico molto
ngresso del paese,
visitare la **chiesa**
San Pietro, con un
verso il litorale.

Spiaggia di Li Cossi

Torre dell'Isola Rossa

BADESI (alt. 102, ab. 1800)

Seguendo ancora la **SP90** in direzione sud, giungiamo al centro balneare di **Badesi**, al confine tra i territori dell'Anglona e della Gallura. Il paesino nacque all'inizio del XIX secolo come stazzo, ed è perciò è privo di monumenti di particolare pregio. La sua peculiarità deriva dalla bellezza della **spiaggia di Badesi Mare**, lunga 8 km, parte di un vasto sistema dunale e tagliata dalla **foce del fiume Coghinas**, il corso d'acqua più importante della Sardegna settentrionale. Sulle dune vegetano scenografici ginepri contorti dal maestrale. Le colline intorno al paese sono ricoperte da rigogliosi vigneti, da cui si ricava un ottimo vino "Vermentino". Nel territorio di Badesi è compreso il Sito di Importanza Comunitaria (SIC) "**Foci del Coghinas**", area protetta per la presenza di flora e fauna di notevole importanza ambientale.

Spiaggia di Badesi Mare

Foce del Coghinas

Spiaggia di Badesi Mare

LA GALLURA INTERNA

Aggius, Luogosanto, Sant'Antonio di Gallura, Telti, Monti, Calangianus, Luras, Nuchis, Tempio Pausania, Bassacutena, Bortigiadas, Viddalba

AGGIUS

(gall. *Agghju*, alt. 514, ab. 1650)

Dal centro di Trinità d'Agultu, entriamo nella zona più interna della Gallura seguendo le indicazioni per il paese di **Aggius**. Attraversiamo un paesaggio di fertili pascoli, caratterizzato dalla presenza di antichi e pittoreschi **stazzi**. Lungo la strada ci fermiamo a visitare la bella **chiesa campestre di San Pietro di Ruda** (XVII secolo). Da qui raggiungiamo in breve tempo la suggestiva **Piana dei Gran Sassi** o **Valle della Luna**, caratterizzata da massi granitici e immensi **tafoni** scavati dagli agenti atmosferici. All'ingresso della valle, una stradina di campagna conduce al **nuraghe Izzana**, uno dei meglio conservati della Gallura. In prossimità del paese è d'obbligo una sosta presso il **laghetto di Santa Degna**, base di partenza per i sentieri montani. Intorno al Monte

Panorama di Aggius

Chiesa di Santa Vittoria

Laghetto di Santa Degna

Valle della Luna

La Croce un percorso conduce al **Parco Capitza**, tra boschi di querce e monoliti granitici. Sovrastato dalle guglie granitiche del **Monte La Croce** (m. 666) e del **Monte Sozza** (m. 789), chiamate "Resegone sardo" per il loro profilo seghettato, Aggius è un paese ricco di tradizioni e noto per la qualità delle acque sorgive. In paese, il cui centro storico è ottimamente conservato, con i vicoli e le case di granito, da visitare la **chiesa di Santa Vittoria**, di impianto cinquecentesco e l'adiacente **oratorio di Santa Croce** (1709), la **chiesa di Santa Croce** (1709), la **chiesa di N.S. del Rosario** (1727) e la **chiesa di N.S. d'Itria** (XVIII secolo). E ancora il **Museo Etnografico "Oliva Carta Cannas"**, dove rivive la memoria dell'antico borgo e dove è conservata anche la documentazione su alcuni famosi **banditi sardi**, fra cui Sebastiano Tansu, il più noto fuorilegge del paese: storie di vita e aneddoti sono raccontati attraverso dossier giudiziari, armi e ferri da campagna, foto segnaletiche e oggetti utilizzati durante la latitanza. Aggius basa oggi la sua prosperità sull'estrazione e la lavorazione del **granito**; gli artigiani perpetuano l'antica **arte tessile** dei tappeti di lana. Nel luglio e agosto di ogni anno si svolge la **Mostra del Tappeto**, che mette in evidenza le caratteristiche locali della lavorazione dei tappeti e degli arazzi tradizionali. Molto suggestivi i riti della **Settimana Santa**. Rinomata la tradizione del canto corale.

>> IL NURAGHE IZZANA

Edificato con grandi massi di granito nel Bronzo Antico-Bronzo Finale, è di tipologia complessa con una torre centrale unita a due laterali tramite un bastione. Presenta alcune singolarità dal punto di vista strutturale che gli conferiscono un aspetto labirintico. Infatti ha una peculiare pianta triangolare, oblunga e con vertici smussati, e possiede caratteristiche sia dei nuraghi arcaici sia dei nuraghi "a ogiva". La camera della torre centrale ha la copertura a ogiva ancora integra, mentre le camere laterali sono danneggiate anche se si individua una serie di corridoi ricavati nello spessore murario. Altra caratteristica del nuraghe è la presenza di due diversi ingressi. Le differenti tecniche costruttive e la particolarità della pianta suggeriscono che la costruzione attuale sia frutto di più interventi costruttivi.

LUOGOSANTO

(gall. *Locusantu*, alt. 321, ab. 1180)

Passando sotto lo scenografico spuntone granitico di **Monte Pulchiana** (m. 673) giungiamo a Luogosanto, che giace fra colli granitici e boschi di querce. L'abitato sorse per opera dei francescani nel XII secolo e rinacque nel XVIII dopo secoli d'abbandono. Deve il suo nome al gran numero di edifici religiosi sparsi nel territorio. A uno dei portali della **basilica di N.S. di Luogosanto**, edificata nel XIII secolo e ricostruita nel XVIII secolo, fu addirittura concesso l'appellativo di "Porta Santa": viene aperta ogni sette anni (8 settembre) durante la *Festa Manna*. A ovest dell'abitato, sul **Monte Casteddu** si trova il **Parco Naturale di Fonte La Filetta**, con una rinomata sorgente.
Sulla sommità di un colle poco distante dal paese, sorge l'**Eremo di San Trano**, realizzato nel XIII secolo a ridosso di una grotta in cui, nel IV secolo, sarebbero vissuti i santi anacoreti Nicolò e Trano. Il luogo offre anche un notevole panorama.

Basilica di N.S. di Luogosanto

Eremo di San Trano

Lungo la strada per Arzachena, in località *Balaiàna*, da non perdere a sinistra le rovine del **Castello di Balaiàna**, sul **Monte San Leonardo** (m. 299), residenza estiva del giudice di Gallura, eretto nell'XI secolo e distrutto da Alfonso d'Aragona nel 1442. Lo raggiungiamo a piedi, attraverso un antico sentiero aperto fra le rocce. In sommità si trova l'affascinante **chiesetta di San Leonardo**, uno dei più piccoli edifici romanici della Sardegna e cappella del castello. Ritornati sulla strada per Arzachena, svoltiamo a sinistra e raggiungiamo un altro sito interessante, il **Palazzo di Baldu**, in località Santu Stevanu.

Chiesetta di San Leonardo

>> IL PALAZZO DI BALDU

La tradizione popolare vuole che *Lu Palatzu di Baldu* sia stato la dimora di **Ubaldo della Gherardesca**. Fu costruito tra il XII e il XIII secolo o da Lamberto Visconti per celebrare la nascita del primogenito Ubaldo, oppure nel 1238 dal giudice Giovanni per onorare la memoria del padre Ubaldo. I **Visconti**, importante famiglia pisana, ebbero effettivamente il governo diretto sulla Gallura, acquisito per via delle relazioni politiche e commerciali con il giudicato e rafforzato dalle unioni matrimoniali. *Lu Palatzu di Baldu* include una torre quadrangolare e circa venti ambienti ad uso abitativo e artigianale disposti attorno a un ampio cortile pentagonale; tutto fa supporre che fosse una sede preposta all'amministrazione del Giudicato di Gallura o la residenza di uno degli altri soggetti politici e religiosi attivi nel regno.

SANT'ANTONIO DI GALLURA

(gall. *Sant'Antoni*, alt. 357, ab. 1600)

Immerso fra le colline che digradano verso il bacino artificiale del Liscia, il paese di Sant'Antonio di Gallura si sviluppò all'inizio del XIX secolo intorno al piccolo nucleo chiamato allora "Sant'Antonio di Calangianus", nome cambiato in quello attuale nel 1979, quando il paesino divenne comune autonomo. Al centro dell'abitato si trova la **chiesa di Sant'Antonio Abate**, del 1912, e l'attigua **chiesa di Sant'Andrea**, del XVIII secolo, dove sono state ritrovate cinque sepolture che contenevano monili e monete del VII-VIII secolo e che confermano l'esistenza di un antico abitato medioevale denominato "Villa de Castro", sorto ai piedi del Monte Lu Naracu. Da visitare anche la **chiesa campestre di San Giacomo**, nell'omonima località.

Chiesa di Sant'Antonio Abate

Chiesa di Sant'Andrea

Stemma signorile

Chiesa di Santa Vittoria

Museo dello Stazzo

TELTI (alt. 326, ab. 1900)

Il paesino di Telti giace sulla sommità di un colle che a est digrada ripido verso la piana di Olbia, immerso in un paesaggio tipico della Gallura, con pascoli, sughere, macchia mediterranea e tafoni granitici. Alcuni ritrovamenti presso dei ripari sottoroccia testimoniano la frequentazione del territorio fin dal Neolitico. Forse il primo nucleo del paese si sviluppò vicino alla stazione romana militare di *Tertium*, lungo la strada *Olbia-Gemellae*. Nel Medioevo prese il nome di *Villa Torcis* e apparteneva al Giudicato di Gallura. Conobbe un lungo periodo di abbandono fino al XIX secolo, quando assunse il nome di *Telti*. Il granito e i **murales** animano il centro storico che si sviluppa intorno alla **chiesa di Santa Vittoria**, in stile neoclassico, e alla **chiesa di Sant'Anatolia**, del XVIII secolo. Da visitare il piacevole **Museo dello Stazzo**, che custodisce la memoria dell'abitazione rurale, e il **Museo Culturale e Naturalistico della Sardegna**, con una collezione di minerali, di insetti della Sardegna e un erbario. Nei dintorni del paese da visitare la **chiesa campestre di San Bachisio**, del XVII secolo, che include un'area cimiteriale. In località *Aratena* si erge il **nuraghe La Prexona di Sìana**, monumento trilobato utilizzato come prigione in epoca giudicale e dalla cui sommità si gode di un bel panorama verso il golfo di Olbia.

Panorama di Monti

Chiesa di San Gavino

Palazzo del Municipio

MONTI (alt. 300, ab. 2500)

Durante il Medioevo il centro di Monti segnava il confine orientale del Giudicato del Logudoro. Situato fra affioramenti granitici, boschi di sughere e colli a macchia mediterranea, presenta emergenze archeologiche, architettoniche e ambientali di grande interesse. Verso la seconda metà del XIII secolo, la famiglia Doria edificò il **Castello di Castra**, di cui rimangono ancora oggi dei resti evidenti. In paese, da visitare la **chiesa di San Gavino** che conserva un bel campanile del XVII secolo preesistente all'attuale chiesa. Il **belvedere di Sa Turrita** sovrasta l'abitato e offre un bel panorama dall'Isola di Tavolara al Monte Limbara. Imboccando la **SS389** in direzione di Alà dei Sardi, possiamo visitare la **Foresta Demaniale di Monte Olia**. Altra escursione interessante è quella sull'altopiano di **S'Ambiddalzu**, ambiente selvaggio di macchia e monoliti granitici modellati dal vento. Ancora lungo la **SS389**, una deviazione a sinistra conduce fino al bel **santuario campestre di San Paolo Eremita**, edificato nel XIV secolo ma modificato e ampliato in stile gallurese con pietra a vista nel XIX secolo, e sede a metà agosto di una delle feste più importanti del nord Sardegna.

Santuario di San Paolo

Festa di San Paolo

>> IL VERMENTINO DI GALLURA

Uno dei motivi della fama di Monti è il **Vermentino di Gallura**, prodotto nell'omonima **Cantina Sociale**, vino bianco pregiato dai profumi sottili e intensi, che si abbina con raffinatezza soprattutto alla cucina di mare. Ha ricevuto nel 1996 il più alto riconoscimento con la Denominazione d'Origine Controllata e Protetta. Nel mese di agosto si svolge a Monti l'importante **sagra del Vermentino**.

IL MONTE LIMBARA

È il principale massiccio montuoso della Sardegna settentrionale. Incluso nei territori dei comuni di Tempio Pausania, Calangianus, Oschiri e Berchidda, rappresenta il limite tra la Gallura e il Logudoro. Il suo nome potrebbe derivare proprio da *Limen Balares*, confine tra la zona un tempo abitata dai *Corsi* (la Gallura) e quella abitata dai *Bàlari* (la porzione orientale del Logudoro e il Monteacuto). L'ossatura è costituita da graniti rosati, mentre le cime più aspre sono formate da graniti grigio chiaro o biancastri, sorti durante l'Orogenesi Ercinica (345-215 milioni d'anni fa). Gli agenti atmosferici hanno creato dei paesaggi suggestivi: tafoni e immensi monoliti sovrapposti a formare ammassi in equilibrio

precario. La cima più alta è **Punta Balistreri** (m. 1362), da cui si gode un maestoso panorama dall'Alta Gallura all'Arcipelago di La Maddalena e fino alle scogliere della Corsica. Fra i rilievi si trovano altopiani come quello di **Vallicciola** (m. 1053). Caratteristica molto importante è l'abbondanza d'acque sorgive oligominerali, cascate e laghetti stagionali. I numerosi torrenti confluiscono e alimentano i **bacini del Carana**, del **Liscia** e del **Coghinas**. Dal punto di vista botanico, dominano la quercia da sughero e la macchia mediterranea. Numerose le varietà di funghi. La fauna comprende il gatto selvatico, il falco pellegrino, il grillaio e l'aquila reale. L'Ente Foreste ha reintrodotto mufloni, daini e cervi. La presenza del grifone, oggi estinto, è testimoniata dai toponimi di **Punta Untulzu** e della località **S'Altore**.

CALANGIANUS

(gall. *Caragnàni*, alt. 518, ab. 4600)

Il paese di Calangianus, ben noto per l'importante produzione di sughero, giace sul versante nord orientale del Monte Limbara, protetto dai monti granitici di **Lu Casteddu**, **Casiddu** e **Gaspareddu**. Ai margini dell'abitato si trova la **Fonte Sigara**, meta ideale di passeggiate. Poco distante dal centro si trova il **Parco di Stazzana**, con un bosco di lecci secolari. Verso sud si distende la rigogliosa vallata del **rio Santu Paulu**, e passando per la **chiesa campestre della Madonna delle Grazie** si può seguire un percorso che offre bei panorami sulla valle del **rio Razzucciu**. Il centro storico conserva il fascino del borgo rurale, con le case in granito. Nella parte alta dell'abitato, da visitare la **chiesa di Santa Giusta**, edificata nel XVII secolo, e l'adiacente **oratorio del Rosario** che ospita il **Museo Diocesano di Santa Giusta**, con

Chiesa di Santa Giusta e Oratorio del Rosario

>> IL SUGHERO

Presente in tutta la Sardegna, il **sughero** (gall. *sùaru*) è prelevato scorticando la *Quercus suber* dalla base del tronco alla biforcazione dei rami. È materia prima di grande importanza per l'economia dell'isola e in particolare per la Gallura e per **Calangianus**, una delle capitali mondiali della lavorazione del prodotto dove sono presenti circa 150 aziende del settore, che coprono il 90% della produzione italiana di tappi e pannelli isolanti per l'edilizia. Fra gli oggetti tipici vi sono i **vassoi** realizzati con la corteccia grezza e utilizzati per servire la frutta, la carne arrosto e la verdura.

una collezione di paramenti sacri, statue, argenteria, libri del XVI-XVIII secolo. Da visitare anche la **chiesetta di Sant'Anna** (1665), gioiello dell'architettura gallurese, e l'**oratorio di S.M. degli Angeli**, accanto al settecentesco **convento dei Cappuccini**. Presso l'ex convento è stato allestito il **Museo del Sughero**, che conserva antichi macchinari e attrezzi e presenta una sezione multimediale che ripercorre le fasi dell'estrazione e della lavorazione dell'importante materia prima. Lungo **SS127** in direzione di Tempio Pausania, all'altezza del bivio per **Nuchis**, svoltiamo a sinistra in una strada bianca. Siamo ai piedi del **Monte di Deu** (m. 669), dove si concentrano importanti siti archeologici. Seguendo le indicazioni attraversiamo una fertilissima valle fino alla **tomba dei giganti di Pascaredda**. Se invece di seguire le indicazioni per la tomba andiamo diritti sulla strada bianca, giungiamo al **nuraghe Agnu** e alla vicina **fonte sacra di Li Paladini**.

Chiesa di Santa Giusta

Chiesa di Sant'Anna

Centro storico

>> LA TOMBA DI GIGANTI DI PASCAREDDA

La sepoltura è del tipo dolmenico e fu realizzata nel Bronzo Medio con grandi massi di granito. Presentava un'esedra formata da lastroni infissi verticalmente nel terreno di cui alcuni ancora *in situ*. L'ingresso della tomba era caratterizzato da una monumentale stele centinata e ben lavorata, di cui si conserva soltanto la parte inferiore. Il corridoio della camera funeraria è lungo 12,50 m ed è pressoché intatto. I muri laterali aggettanti sono formati da massi infissi di coltello nel terreno, mentre la copertura fu realizzata con pesanti lastroni granitici disposti a piattabanda.

LURAS (gall. *Lùrisi*, alt. 508, ab. 2600)

Da Calangianus raggiungiamo in pochi minuti il paese di Luras. La leggenda vuole che sia stato fondato da un gruppo di ebrei deportati da Tiberio nel 19 d.C. Nel XIX secolo raggiunse un certo benessere economico grazie all'intraprendenza dei suoi abitanti che percorrevano l'isola per vendere manufatti di lana, pelle, sughero, ferro, e poi vino, acquavite, formaggi. Nel bel centro storico, da visitare la neoromanica **chiesa del Rosario**, la **chiesa di Santa Croce** (edificata nell'VIII secolo), la **chiesa di San Pietro** (XVI secolo) e la **chiesa del Purgatorio** (XVIII secolo). Il **Museo Etnografico "Galluras"**, ospitato in una abitazione tipica, custodisce oltre quattromila reperti datati dal Medioevo a XX secolo. Fra le numerose chiese campestri, da visitare la **chiesa di Santa Maria delle Grazie** e quella **di San Pietro**, che faceva parte dell'estinto villaggio medioevale di *Siffilonis*.

Centro storico

Olivastro millenario

Chiesa del Rosario

La **chiesa di San Michele di Canaili** è d'origini molto antiche e forse era la parrocchiale del villaggio medioevale di *Canahini*. La **chiesa di San Bartolomeo di Carana** fu ricostruita durante gli anni '60 del secolo scorso con i materiali provenienti dalla chiesa di San Nicola, sommersa dalla diga nel 1956. A Luras vi è una notevole concentrazione di sepolture dolmeniche, la più importante delle quali è l'**allée couverte di Ladas**, raggiungibile dal paese dalla Via Ariosto. Nel territorio si trovano le **vigne** più estese dell'Alta Gallura, dove si producono il Vermentino, il Moscato e il famoso **Nebiolo di Luras**. Imboccando la **SP136** in direzione nord, poco lontano dalle sponde del **lago del Liscia**, da non perdere gli **olivastri millenari di Santu Baltolu di Carana**, fra cui un esemplare fra i più vecchi d'Europa (3000-4000 anni) che presenta una circonferenza di 12 m ed è inserito nella lista dei "Venti alberi secolari italiani".

Museo "Galluras"

>> L'ALLÉE COUVERTE DI LADAS

Il monumento, datato al III millennio a.C., è classificato per la sua maestosità come *allée couverte* ma viene anche definito come "dolmen allungato". Molto probabilmente era destinato a sepoltura collettiva. È costituito da una camera absidata lunga 6 m e alta 2,20 m, coperta da due lastroni a piattabanda fra cui il più grosso presenta una superficie di ben 15 mq.

Chiesa dello Spirito Santo

Centro storico

NUCHIS
(gall. *Nùcchisi*, alt. 500, ab. 400)

Ritornando sulla SS127 in direzione di Tempio Pausania, oltre Calangianus raggiungiamo la frazione di **Nuchis**. Alcuni collocano le origini del centro già in epoca romana, quando nel luogo s'insediò una guarnigione di sentinelle notturne, per cui il toponimo deriverebbe dal latino "Vigiliae ad noctes". La tradizione invece vuole che il paese sia stato fondato nell'XI secolo da un ricco possidente. In seguito fu uno dei sette comuni storici galluresi.

Fra le viuzze conserva alcuni scorci davvero pittoreschi, con i palazzotti di granito simili a quelli di alcuni paesi della Corsica. Nella parte alta dell'abitato si trovano alcune chiese, testimonianza del glorioso passato: la **chiesa dello Spirito Santo** (XIII secolo), al cui interno sono conservati due crocifissi lignei del XVII secolo e un dipinto di Giovanni Marghinotti raffigurante la "Pentecoste"; la **chiesa dei SS. Cosma e Damiano** (1529), la chiesetta di **Santa Croce** (XVII secolo) e la **chiesa di San Salvatore**, edificata nel 1891.

TEMPIO PAUSANIA

(gall. *Tempiu*, alt. 566, ab. 14200)

Capoluogo della Gallura insieme a Olbia, la città di Tempio è disposta su un pianoro dominato dal Monte Limbara. È noto in Sardegna per le acque oligominerali della **fonte di Rinagghju**, che si trovano ai margini dell'abitato e all'interno del **Parco di San Lorenzo**. Il nome della cittadina potrebbe derivare dalla presenza di un tempio romano dedicato a Castore e Polluce, là dove oggi sorge la **chiesa del Rosario**, edificato su un preesistente insediamento nuragico. La presenza dell'abitato è documentata per la prima volta nel **1173**. Nel XIV secolo *Villa Templi* era ancora un centro di piccole dimensioni; in seguito fu sede della Curatoria di Gemini e crebbe d'importanza fino a diventare il centro principale della Gallura quando s'insediò il vescovo della

Parco di San Lorenzo

Fonte di Rinagghju

Oratorio del Rosario

Diocesi di Ampuria e Civita alla fine del XVII secolo. La denominazione "Pausània" fu aggiunta agli inizi del XX secolo in ricordo dell'antico nome di Olbia, prima sede vescovile in Gallura. Perduto parte del vasto territorio comunale a causa dell'autonomia delle sue frazioni, Tempio è oggi il centro principale di una delle aree più ricche dell'isola, grazie all'estrazione del **sughero** e del **granito** e alla coltivazione dei **vigneti** dai quali si ottengono vini pregiati. La parte più antica della città è caratterizzata da edifici in granito: dal **Palazzo Comunale** si giunge alla **cattedrale di San Pietro**, edificata nel XV secolo ma modificata nel XIX; sul lato destro dell'edificio sacro vi è un arco che lo unisce al **palazzo Nurra-Stazza**. Vicino alla cattedrale si trovano la **chiesa di Santa Croce**, di impianto medioevale e modificata nel XIX

Estrazione del sughero

Palazzo Nurra-Stazza

Cattedrale di San Pietro

secolo, e l'**oratorio del Rosario**, edificato in stile romanico ma rimaneggiato in stile gotico-aragonese. In Piazza San Pietro si può visitare la **Raccolta Ornitologica Generale**, creata alla fine del XIX secolo da Francesco Stazza. Nella Piazza del Purgatorio si trova la **chiesetta del Purgatorio**, del XVII secolo, fatta edificare da un membro della nobile famiglia Misorro per espiare un massacro compiuto in quello stesso luogo. Merita una vista anche la **chiesetta di Lu Pilàri**, del 1724. Interessanti le vecchie **Carceri "La Rotonda"**, testimonianza dell'architettura penitenziaria ottocentesca a pianta circolare con cortile interno. Il **teatro del Carmine**, realizzato in stile Liberty nel 1929 su progetto dell'architetto Aldo Faconti sulla tipologia del teatro all'italiana ottocentesco, sorge sul luogo in cui

Chiesa di Santa Croce

Costume tradizionale

Centro storico

si trovava la chiesa annessa al convento degli Scolopi. Da visitare anche la **stazione ferroviaria** (1930-39), che conserva l'architettura liberty in granito, mattoni e decorazioni di gusto decò; conserva anche alcuni dipinti di Giuseppe Biasi e il **Museo dell'Officina**. L'**ex convento degli Scolopi**, presso il **Parco delle Rimembranze**, ospita il **Museo Civico "Bernardo De Muro"**, dove sono raccolti i costumi di scena, gli oggetti personali e le incisioni discografiche del famoso tenore. Da non perdere una visita alla **Cantina Sociale Gallura**, che dal 1956 produce alcuni tra i migliori vini dell'isola. Il settore del sughero ha un punto di riferimento nella **Stazione Sperimentale del Sughero**, creata nel 1952. Lungo la **SS133** in direzione di Palau, una deviazione a destra conduce alla più importante testimonianza preistorica del territorio, il **nuraghe Majori**. Molto famoso il sontuoso e severo **costume femminile** di Tempio in seta nera.

Nuraghe Majori

>> LU CARRASCIALI TIMPIESU

È il carnevale **moderno** più famoso della Sardegna: vi prendono parte gruppi di tutto il mondo con i loro carri allegorici. In passato il personaggio centrale era **Jolgliu Puntogliu**, un fantoccio impalato; oggi è **Sua Maestà Re Giorgio**, pupazzo accompagnato da **Mennena**, prosperosa cortigiana. Il carnevale culmina il martedì grasso col processo e il rogo del re, giudicato colpevole di ogni male della comunità.

BASSACUTENA
(alt. m 73, ab. 500)

Il borgo rurale, frazione di Tempio Pausania, giace fra boschi di sughero e ulivi e formazioni granitiche. Il nome probabilmente risale ai taglialegna toscani che trafficavano molto in queste zone nel XIX secolo, e deriva dalla "cutina", sostanza cerosa e trasparente che riveste la parte esterna delle piante, e dal fatto che la zona è situata in un avvallamento (bassa). La nascita del borgo odierno è legata a Giuseppe Garibaldi, che frequentava questi luoghi perché amico di una famiglia locale proprietaria di uno stazzo. All'epoca senatore nella decima legislatura, Garibaldi fece approvare una modifica del tracciato della strada Tempio Pausania-Palau in modo che una diramazione passasse per la proprietà dell'amico, favorendo così la nascita dell'agglomerato urbano.

Querce da sughero presso Bassacutena

BORTIGIADAS

(gall. *Bultigghjata*, alt. 476, ab. 850)

È uno dei centri più antichi della Gallura: le prime attestazioni della sua presenza risalgono al XIV secolo, quando il paese era segnalato con i toponimi *Orticlada*, *Gortiglaca* o *Bortiglassa*. È caratterizzato da suggestivi vicoli che conducono alla **chiesa di San Nicola di Bari**. Da visitare il **Museo Mineralogico**, con oltre 260 specie di minerali. Dalla chiesetta proseguiamo in direzione di Viddalba, notando a destra la mole di **Punta Salici** (m. 911). A sinistra, verso le sponde del **lago di Castel Doria** si trovano numerosi siti archeologici, fra cui il **complesso nuragico Su Nuracu** e l'importante **necropoli neolitica di Tisiennari**. Il complesso funerario fu scavato nel calcare ed è formato da quattro camere decorate con incisioni e bassorilievi. Una cella presenta la caratteristica decorazione della "falsa porta", con cornice sormontata da protomi taurine; sulla parete opposta furono incisi 43 simboli di vario genere disposti su tre file: corna, clessidre, motivi geometrici e antropomorfi. In tutta la tomba sono visibili tracce della pittura rossa con cui venivano dipinte le pareti delle *domus de janas* in tutta la Sardegna. Tra le feste principali vi è quella dedicata a **San Pancrazio** (24 dicembre), presso l'omonima chiesa campestre che sovrasta l'abitato.

Chiesa di San Nicola

Chiesa di Santa Croce

Centro storico

Castello dei Doria

Chiesa di San Giovanni

Museo Archeologico

Lago di Casteldoria

VIDDALBA
(gall. *Viddaecchja*, alt. 25, ab. 1800)

Il paesino di Viddalba sorge all'estremo lembo occidentale della Gallura e ai piedi di **Punta Salici** (m. 911), **Monte Ruiu** (m. 550) e **Monte San Gavino** (m. 800), mete degli appassionati dell'arrampicata e del trekking. All'ingresso dell'abitato si trovano le **terme di Casteldoria**, già utilizzate dai Romani. Il paesino era incluso nel Giudicato di Gallura, Curatoria di Taras. Riprese vitalità nel Medioevo grazie al suo porto fluviale, sviluppandosi a occidente della bella **chiesa di San Giovanni** (XI secolo), nella zona chiamata "Vidda ecchja". Da visitare il **Museo Archeologico**, con reperti provenienti dal **villaggio nuragico** e dalla **necropoli punico-romana di San Leonardo** (a nord dell'abitato). Notevole la produzione di ortaggi pregiati come il carciofo e il pomodoro, nella piana attraversata dal fiume Coghinas. Il fiume forma a monte il **lago di Casteldoria**, dominato dalla rocca su cui sorge il **Castello dei Doria**, edificato nel XII secolo. Alla tradizionale vocazione agropastorale si è aggiunta quella turistica legata alla fruizione delle bellezze naturalistiche e balneare.

BUDONI

Guardia turistica
Via Mannironi
Tel. 0784 844300

Ufficio turistico
Via Nazionale, 202
Tel. 0784 844050

Museo dello Stazzo
P.za Einaudi, 1
Tel. 340 3198129
museodellostazzo.jimdo.com

Porto turistico Marina di Ottiolu
Piazzetta di Porto Ottiolu
Tel. 0784 846211
marinaportoottiolu.com

SAN TEODORO

Guardia medica
Via Sardegna, 1
Tel. 0784 865404

Museo della Civiltà del Mare
Via Niuloni, 1
Tel. 0784 866010
icimar.it

Ufficio turistico
P.za Mediterraneo, 1
Tel. 0784 865767

Consorzio Turistico San Teodoro
P.za Mediterraneo, 1
Tel. 0784 851117

Porto turistico di Puntaldia
Loc. Puntaldia, 1
Tel. 0784 864590
marinadipuntaldia.it

PADRU

Guardia medica
Via Roma
Tel. 0789 45722

LOIRI

Guardia medica
c/o Scuole Elementari
Tel. 0789 41060

Guardia turistica
Via Nazionale
Tel. 0789 552018

Porto turistico di Porto San Paolo
Loc. Porto San Paolo
Tel. 0789 40056

OLBIA

Aeroporto Costa Smeralda
Tel. 0789 563444
aeroportodiolbia.it

Stazione ferroviaria
Via G. Pala
Tel. 0789 22477

Stazione marittima
Molo Isola Bianca
Tel. 0789 22482

Trasporto urbano ASPO
Via Indonesia, Zona Industriale
Tel. 0789 553800
aspo.it

Trasporto extraurbano ARST
C.so Umberto, 168
Tel. 0789 55300
num. verde 800 865442

Guardia medica
c/o Ospedale San Giovanni di Dio
V.le A. Moro
Tel. 0789 552266

Porto turistico Marina di Porto Rotondo
Loc. Porto Rotondo
Tel. 0789 34203
marinadiportorotondo.it

Porto turistico Marina di Portisco
Loc. Portisco
Tel. 0789 33250
marinadiportisco.it

Porto turistico Marina di Costa Corallina
Loc. Porto Spurlattà, SS125, km 304
Tel. 0789 36176
spurlatta.it

GOLFO ARANCI

Guardia medica
Via Libertà
Tel. 0789 616079

Stazione ferroviaria
V.le Stazione
Tel. 0789 616135

Porto turistico di Baia Caddinas
Loc. Baia Caddinas
Tel. 0789 46813
spurlatta.it

Porto turistico di Punta Marana
Loc. Punta Marana
Tel. 0789 32088

Circolo Nautico Isola Marinella
Loc. Marana
Tel. 0789 32592
info@circolonauticomarinella.com

COSTA SMERALDA

Servizi Medici Costa Smeralda
Loc. Porto Cervo
Tel. 0789 94477

Guardia medica
Via Mare Blu
Tel. 0789 92191

Guardia costiera
V.le Molo Vecchio
Tel. 0789 563648

Consorzio Costa Smeralda
Casa 1/A, Il Ginepro
Tel. 0789 935100
consorziocostasmeralda.com

Yacht Club Costa Smeralda
Via della Marina
Tel. 0789 902200
yccs.it

Porto turistico Cervo Marina
Loc. Porto Cervo Marina
Tel. 0789 905111
marinadiportocervo.com

ARZACHENA

Guardia medica
Via J. Di Scanu
Tel. 0789 83521

Guardia turistica di Cannigione
Via Normandia
Tel. 0789 552020

Stazione FdS
Via Stazione ferroviaria
Tel. 0789 81208

Museo etnografico e mineralogico-paleontologico
Via Mozart, 1
Tel. 0789 840106

Porto turistico di Cannigione
Loc. Porto Cannigione
Tel. 0789 88422
coop.sardamar@tiscali.it

Porto turistico di Marina di Cala Bitta
Loc. Cala Bitta, Baia Sardinia
Tel. 0789 99243
cala.bitta@tiscali.it

PALAU

Guardia turistica
Via degli Achei
Tel. 0789 552022

Ufficio turismo
P.za Fresi
Tel. 0789 707025
palauturismo.com

Museo etnografico
Loc. Montiggia
Tel. 0789 770822
palau.it/museoetnografico

Porto turistico Marina di Palau
Tel. 0789 708435
portoturistico@palau.it

Yacht Club Porto Rafael
Loc. Punta Sardegna
Tel. 0789 700151

LA MADDALENA

Guardia medica
Loc. Padule
Tel. 0789 791296

Museo Archeologico Navale "Nino Lamboglia"
Loc. Mongiardino
Tel. 0789 790633

Porto turistico di Nido d'Aquila
Loc. Nido d'Aquila
Tel. 0789 720053
info@marinanidodaquila.it

Porto turistico di Cala Gavetta
Loc. Cala Gavetta
Tel. 0789 730121
cgavetta@yahoo.it

Porto turistico di Cala Camiciotto
Loc. Cala Camiciotto
Tel. 0789 730632

Porto turistico di Marina del Ponte
Frazione Moneta
Tel. 0789 726034
marinadelponte.com

Porto turistico di Cala Spalmatore
Loc. Spalmatore
Tel. 348 3801778

Porto turistico di Porto Massimo
Loc. Porto Massimo
Tel. 349 0685358
portomassimo.it

CAPRERA

Museo del Compendio Garibaldino
Tel. 0789 727162
compendiogaribaldino.it

Museo Geo-Mineralogico
Loc. Stagnali
Tel. 0789 720044
lamaddalenapark.it

SANTA TERESA DI GALLURA

Guardia medica
Via Carlo Felice
Tel. 0789 754079

Consorzio operatori turistici
Loc. Li Lucianeddi
Tel. 349 3023417
santateresadigallura.org

Ufficio turistico
P.za Vitt. Emanuele I, 24
Tel. 0789 754127
santateresagalluraturismo.com

Porto turistico
Loc. Torrevecchia
Tel. 0789 751936
portosantateresa.com

AGLIENTU

Guardia medica di Luogosanto
Via Trieste,
Tel. 079 652241

Guardia turistica di Vignola Mare
c/o camping Saragosa
Tel. 079 678463

TRINITÀ D'AGULTU

Guardia medica
P.zza Gioberti
Tel. 079 681305

Guardia Medica Turistica Isola Rossa
C.so Trinità
Tel. 079 678464

Porto turistico Isola Rossa
Loc. Isola Rossa
Tel. 079 694051
portoisolarossa.com

BADESI

Guardia Medica di Trinità d'Agultu
P.zza Gioberti
Tel. 079 681305

Guardia turistica
Loc. Li Junchi
Tel. 079 678462

AGGIUS

Guardia medica di Tempio
c/o Pronto Soccorso Ospedale Civile
Via Deledda
Tel. 079 631477

Museo etnografico "Oliva Carta Cannas"
Via Monti di Lizu, 6
Tel. 079 621029
museodiaggius.it

LUOGOSANTO

Guardia medica
Via Trieste
Tel. 079 652241

SANT'ANTONIO DI GALLURA

Guardia medica
Via Galilei, 4/A
Tel. 079 669277

TELTI

Guardia medica
Via G. Deledda
Tel. 0789 43011

Museo Culturale e Naturalistico della Sardegna
P.zza Duomo
Tel. 349 8703074

MONTI

Guardia medica
Via Regione Sarda
Tel. 0789 44024

Cantina Sociale del Vermentino
Via San Paolo, 2
Tel. 0789 44012
vermentinomonti.it

CALANGIANUS

Guardia medica
P.zza Mercato
Tel. 079 660234

Museo Diocesano Santa Giusta
Via Roma, 4
Tel. 079 660218
diocesitempio-ampurias.it

Museo del Sughero
Via San Francesco, 3
Tel. 079 662034
contiamoci@hotmail.it

LURAS

Guardia medica di Calangianus
P.za Mercato
Tel. 079 660234

Museo Galluras
Via Nazionale, 35/a
Tel. 368 3376321
galluras.it

TEMPIO

Guardia medica
c/o Pronto Soccorso Ospedale Civile
Via Deledda
Tel. 079 631477

Stazione Treni FdS
Via Stazione Vecchia
Tel. 079 631447

Ufficio turismo
P.za Mercato, 3
Tel. 639 0080
visit-tempio.it

Museo Bernardo De Muro
Parco della Rimembranza
Tel. 079 671580

Museo Diocesano
Via Villamarina, 1
Tel. 079 6393099
museumtempioampurias.it

BORTIGIADAS

Guardia medica
di Tempio
Via Deledda
Tel. 079 631477

Museo Mineralogico
V.le Trieste, 30
Tel. 079 627014

VIDDALBA

Guardia medica
di Perfugas
Via Toti
Tel. 079 564340

Museo Archeologico
Via Angioy
Tel. 079 580514
coopervidd alba@tiscali.it

INDICE DELLE LOCALITÀ